어린이 여러분 안녕하십니까, 껄껄.

수상한 동물원이 있다고 해서 먼 길을 찾아왔습니다.
이제 곧 탐험을 시작하려고 하는데요.
이번 동물원에는 미스터리한 동물들, 무시무시한 동물들,
대식가에 똥쟁이, 알록달록 환상적인 동물들까지
전부 모여 있다고 하네요. 궁금하지 않으십니까?

만약 저와 함께 동물원으로 떠나고 싶다면
눈을 감고 열을 센 후 다음 페이지를 열도록 하죠.
제가 동물원 가이드로서 잘 설명해드릴 테니 말입니다.

아, 그런데 제가 누구냐고요?
저는 수상한 동물만을 찾아다니는 **수상한 과학자**
이광렬이라고 합니다. 제 안내만 잘 따라온다면
동물원에서 길을 잃거나 무서운 동물들에게
공격받을 일은 없을 거예요.
그러니 안심해도 된답니다.

수상한 과학자 **이광렬**

자, 설명이 길었네요.
그럼 첫 번째 동물원부터 구경해볼까요?

차 례

첫 번째 코스

미스터리 동물원

해달 물 위에 누워 있는 게 가장 편해요		10
고양이 수염이 없으면 바보가 돼요		14
개 비타민 C는 필요 없다고요		19
소 풀만 먹는데 자꾸 근육이 생겨요		24
고슴도치 작고 귀엽다고 얕보면 큰일 나요		29

두 번째 코스

와구와구 동물원

비버 호수도, 별장도 잘 만들어요 … 36
개복치 생선인지, 플랑크톤인지 몰라몰라~ … 41
잎꾼개미 6,600만 년째 버섯 농사짓는 중 … 45
벌새 현기증 나니까 빨리 설탕 주세요 … 50
대머리수리 무엇이든 먹어서 소화시켜버리겠어 … 55
나미브사막거저리 … 60
사막에서도 언제든 물을 마실 수 있어요

세 번째 코스

무시무시 동물원

거미 먹이를 주스로 만들어요 … 66
뱀 비밀인데, 뒤로 기지는 못한답니다 … 71
모기 작지만 무서운 최악의 살인 흡혈귀 … 75
파란고리문어 안녕, 나는 이 구역의 미친 문어야 … 79
코모도드래곤 침을 많이 흘리는 건 … 84
사실이에요, 하지만…
올빼미 소리 없이 먹이를 낚아채요 … 88

네 번째 코스

판다 하루에 40번 똥 싸느라 바쁘다, 바빠	94
고양이 내 똥을 맛보면 사랑에 빠질걸요	100
고래 전 세계 바다에 비료를 주고 있어요	104
캥거루 다리에 침을 바르면 더위가 가셔요	108
토끼 귀엽다고 뽀뽀하면 후회할걸요	112

다섯 번째 코스

오징어 빨간 피만 피인 것은 아니랍니다	118
연지벌레 천적을 피해 맛없게 보이고 싶었을 뿐…	122
홍학 날 때부터 빨간 것은 아니에요	126
매미 날개가 투명한 데는 비밀이 있다고요	129
반딧불이 꽁무니에서 빛이 나지만 뜨겁지는 않아요	133

해 달

물 위에 누워 있는 게 가장 편해요

환경을 지키자!

능력치
배 위에서 조개 깨기
★★★★★

물 위에서 자기
★★★

동물원 속 과학
동물의 생활, 생물과 환경

분포	전 세계
분류	포유류
크기	몸길이 70~120cm 꼬리 길이 25~37cm
식성	성게, 전복, 조개, 갑각류 등 잡식성

해달이 바다 위를 둥둥 떠다닐 수 있는 이유는?

해달 한 마리가 바다에 누워서, 무언가를 앞발로 쥐고 배를 내리치고 있네요. 배가 안 아플까요? 아! 자세히 보니 배 위에 넓적한 돌멩이 하나를 두고 그 위에 조개를 내리치고 있는 거군요. 정말 똑똑한 녀석이네요. 도구를 써서 조개를 깨서 먹으려고 하다니 말입니다. 그런데 해달은 어떻게 저렇게 바다 위에 둥둥 떠다닐 수 있을까요?

해달이 동물 세계에서 1등을 하는 분야가 있습니다. 바로 몸에 난 털의 밀도인데요. 사람의 머리카락은 평균적으로 9~15만 가닥 정도에 그치는데, 해달은 단지 1제곱센티미터, 즉 1원짜리 동전보다도 작은 면적 위에 15만 가닥이나 되는 털을 가지고 있대요.

해달은 방수가 되는 긴 털과 짧은 속 털을 가지고 있지요. 해달의 피부와 털 사이에 갇혀 있는 공기 덕분에 부력도 생기고, 몸을 따뜻하게 유지할 수도 있습니다. 사람은 차가운 바닷물에 오래 머무르면 체온이 떨어져서 덜덜 떨지만, 해달은 그런 걱정을 전혀 할 필요가 없어요.

해달은 생각보다 날씬해요. 바다에서 터전을 잡은 많은 생물은 살을 찌우고 지방도 축적해 부력을 얻고, 보온도 하는데 해달은 오로지 털에 의존하기 때문이에요. 해달이 털을 긁어대고 뭉친 부분을 물어뜯는 모습을 보면서 '털에 기생충이라도 있나?'라고 생각할지 모르지만, 해달은 기생충이 없는 깨끗한 녀석이랍니다. 다만 털을 잘 관리해야 부력을 얻고, 보온도 할 수 있으니 털 관리에 시간을 많이 쓰는 것뿐이죠.

많이 먹어서 환경보호를 한다고?

해달은 바다에 누워서 잠을 잡니다. 누워서 깊은 잠에 빠져버리면 먹잇감이 풍부한 연안 지역에서 벗어나, 해류를 타고 먼바다로 떠내려갈 수 있기 때문에 커다란 다시마류인 켈프의 줄기를 몸에 칭칭 감아서 떠내려가지 않게 하지요. 여러 마리가 모여 뗏목을 만들어서 자기도 하는데 무려 2,000마리가 모여서 잔 경우도 있다고 하니, 놀랍지요?

해달의 먹이는 조개, 새우나 가재 같은 갑각류나 성게 등 사람들도 좋아하는 해산물입니다. 그래서 어떤 어부들은 자신들의 경제 활동을 방해하는 해달을 아주 싫어하고, 심지어 죽이기도 해요. 하지만 성게는 바닷속 나무 역할을 하는 켈프를 뜯어먹기도 하고, 해양생태계를 파괴하기 때문에 개체 수를 줄이는 것은 해저 환경을 건강하게 유지하는 데 아주 중요해요. 해달이 환경보호에 도움을 주는 것은 잘 모른 채, 성게나 조개, 새우를 먹는다고 미워하면 안 되겠지요?

고양이

수염이 없으면 바보가 돼요

내 수염 건들지 마라…!

능력치

좁은 공간 통과하기
★★★★★

바람 방향 느끼기
★★★★★

동물원 속 과학

동물의 생활

분포	전 세계
분류	포유류
크기	몸길이 30~60cm 무게 2~8.5kg
식성	쥐, 작은 조류, 개구리 등 육식성

고양이 수염을 자르면 안 된다고?

'고양이 수염이 너무 지저분하네. 가위로 예쁘게 다듬어 줘야지'라고 생각하고 있다면 그 생각을 당장 멈춰주세요! 수염은 고양이에게는 절대로 없어서는 안 되는 생존에 꼭 필요한 도구이니까요. 고양이 수염을 잘라 버리면 똑똑한 고양이 한 마리를 잃고, 바보 고양이를 한 마리 얻게 됩니다.

고양이 수염은 주변의 털들보다 피부에 훨씬 더 깊숙이 박혀 있어요. 고양이의 수염이 자라는 모낭은 신경 세포로 꽉 차 있어서, 수염은 주변을 느끼는 '촉각 레이더' 역할을 하죠. 마치 낚싯줄 끝의 찌가 물고기의 움직임을 감지하듯, 수염은 고양이에게 작은 환경 변화도 놓치지 않도록 하는 중요한 감각 도구입니다. 수염을 자르면 이 강력한 레이더를 망가뜨리는 셈이죠.

고양이는 굴속으로 들어가서 쥐를 사냥하기도, 나무에 기어오르기도, 높은 곳에서 뛰어내리기도, 아주 재빠르게 방향을 바꾸면서 사냥감을 쫓아 달리기도 합니다. 이때 얼굴에 길게 뻗은 수염이 마치 '자'의 역할을 하면서 좁은 공간에 들어갈지 말지를 판단하게 합니다. 좁은 공간에서 수염이 닿지 않는다면 몸 전체가 들어갈 수 있는 것은 물론, 나올 때도 수월하니까요. 그렇기에 수염을 짧게 잘라버리면 고양이는 자신의 몸 크기를 잘못 판단해 쥐를 쫓아 굴로 뛰어들다가 그만 몸이 끼어 영영 나오지 못할 수도 있어요. 자기의 몸이 아주 날씬하다고 착각하게 되니까 말이죠.

고양이의 수염은 아주 약한 바람의 방향까지 느낄 수 있습니다. 어두운 곳에서 사냥하다가 길을 잃어도 수염을 통해 바람의 방향을 파악하고 다시 밖으로 나올 수 있으니 나침반의 역할도 한다고 볼 수 있지요.

  수염은 고양이의 기분을 잘 보여 주니, 만약 집사로 임명이 됐다면 수염 모양을 잘 살펴보세요. 만약 수염이 옆으로 빳빳하게 서 있다거나, 얼굴 쪽으로 당겨져 있다면 고양이는 지금 심기가 아주 불편한 상태입니다. 이때 잘못

접근하면 얼굴이나 팔에 긴 빨간 줄들이 생길 수 있으니 주의해야 해요.

  수염이 아래쪽으로 축 늘어져 있다면 고양이가 많이 아프거나 피곤한 상태입니다. 그럴 땐 한숨 푹 자게 내버려 두세요. 수염이 움찔거리거나 바르르 떨린다면 고양이는 지금 아주 재미있는 것을 보아서 흥분한 상태예요. 쥐를 보았거나, 어항 속 물고기를 잡아먹으려고 하거나, 높은 곳에 있는 컵을 밀어 버릴까 말까 고민하는 중이죠. 이때가 고양이들이 대형사고를 치는 순간이니, 주변에 쉽게 깨지는 물건을 재빨리 치우세요. 마지막으로 수염이 부채처럼 펼쳐져 있다면 고양이는 아주 편안한 상태입니다. 이때는 고양이와 소통해볼 수 있을 거예요.

  어휴, 고양이 눈치를 보면서 집사 노릇 하는 것도 참 힘든 일이군요.

수상한 과학자의 탐구일지

고양이는 다리에도 수염이 달려 있다고?

고양이의 앞다리 뒷부분을 보면 얼굴과 마찬가지로 기다란 수염이 나 있는 것을 볼 수 있어요. 이 다리의 수염을 이용해 땅이 평평한지 경사가 졌는지를 달리면서도 느낄 수 있고, 높은 곳에 올랐다가 뛰어내릴 때 몸의 균형을 잡을 때도 이용하죠. 이 앞다리 털은 다른 고양이들과 사회생활을 할 때도 사용합니다. 몸을 비비고 인사하며 대장 고양이의 심기가 불편한지를 살필 때도 사용한다고 하네요.

개

비타민 C는 필요 없다고요

다른 간식 주세요

동물원 속 과학
동물의 생활

분포	전 세계
분류	포유류
크기	무게 10kg 미만부터 25kg 이상까지 다양
식성	잡식성

능력치
주인과 산책 가기
★★★★★

개에게는 있는데, 사람에게는 없는 것은?

개에게는 있는데, 사람에게 없는 것은 무엇일까요? '꼬리!' 하고 외쳤다면 정답입니다! 축하합니다. 그런데 꼬리 말고도 개에게는 있지만, 사람에게는 없는 것이 있답니다. 다음의 표를 보면서 고민해 볼까요? 표에 답이 있으니까요.

이 표는 척추동물 일부의 진화 과정과 분류를 보여 줍니다. 표에서 서로 가까이 있는 동물일수록 유전적으로 더

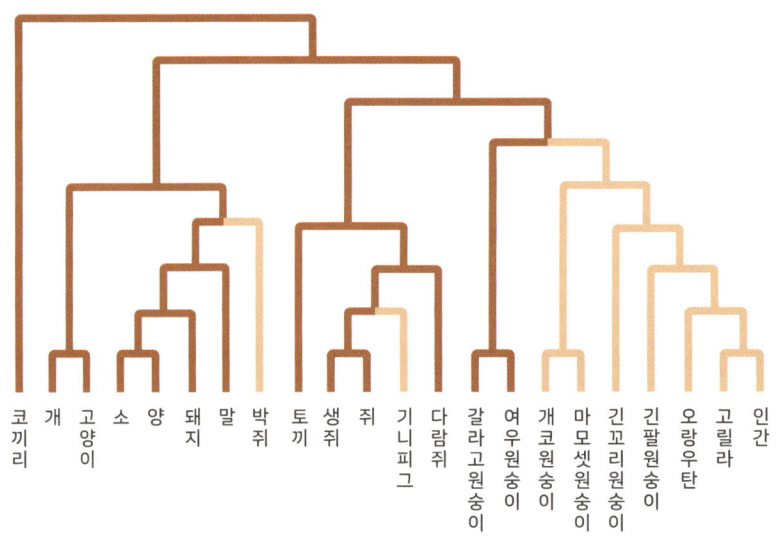

척추동물의 진화 과정과 분류

유사하다는 것을 의미해요. 즉, 가까이 있는 동물들은 진화론적으로 볼 때 가까운 친척이라고 할 수 있겠습니다.

맨 오른쪽에 인간, 그 옆에 고릴라, 오랑우탄 등이 있는 게 보이지요? 쥐나 토끼 같은 동물들이 개나 고양이와 같은 종보다 우리와 더 가까운 친척이라는 점도 알 수 있고요.

이 표에서 베이지 색으로 표시된 종들은 비타민 C를 자기 몸에서 스스로 만들어낼 수 없는 종들이에요. 진화 과정 중에서 어느 순간 비타민 C를 합성하는 유전자에 돌연변이가 생겨서 사람과 가까운 친척인 유인원들과 원숭이들은 몸에서 비타민 C를 합성하지 못하게 되었어요. 그런데 우리와 유전적으로 꽤 먼 개나 고양이에게는 비타민 C를 만들 수 있는 유전자가 있어요. 따라서 개는 비타민 C를 몸에서 합성하는 능력을 가지고 있고, 사람은 그 능력을 가지고 있지 않답니다.

강아지가 유독 기운이 없어 보인다면?

비타민 C가 부족하면 피로와 무력감을 느끼게 돼요. 그리고 이 상태가 오래 지속되면 잇몸에서 피가 나고, 치아가 빠지며, 피부는 창백해지는 괴혈병에 걸릴 수도 있고요. 그러니 사람은 비타민 C 영양제를 먹거나, 비타민 C가 풍부한 과일과 채소를 충분히 섭취해야 합니다.

하지만 개나 고양이는 굳이 과일을 먹지 않아도 몸에서 저절로 비타민 C가 만들어져서 건강하게 잘 뛰어놀 수 있어요. 그러니 '우리 멍멍이가 기운이 없어 보이니까 비타민 C를 먹여야 하겠구나' 하는 생각은 할 필요가 없답니다. 강아지의 기운이 없어 보인다면 주인이 안 놀아줘서 풀이 죽었거나 배가 고프거나 하는 다른 이유 때문일 테니까요.

수상한 과학자의 탐구일지

이누이트 족이 괴혈병에 걸리지 않는 이유는?

추운 북극에서는 과일이나 채소가 자라지 못하지요. 그런데 알래스카에 사는 이누이트족은 비타민 C 부족을 겪지 않는다고 해요. 과일이나 채소를 잘 먹지 못하는데, 어떻게 비타민 C를 섭취하면서 건강을 유지할 수 있을까요? 비밀은 이들이 먹는 음식에 있답니다.

이들은 북극곰, 고래, 물범, 순록 등의 고기를 날것으로 먹으면서 비타민 C를 충분히 섭취할 수 있었답니다. 스스로 비타민 C를 합성할 수 있는 이 동물들을 날것 그대로 먹으면 비타민 C까지 그대로 섭취할 수 있어요. 소고기 육회를 좋아한다면 비타민 C를 같이 먹는 것이나 다름없겠네요.

풀만 먹는데 자꾸 근육이 생겨요

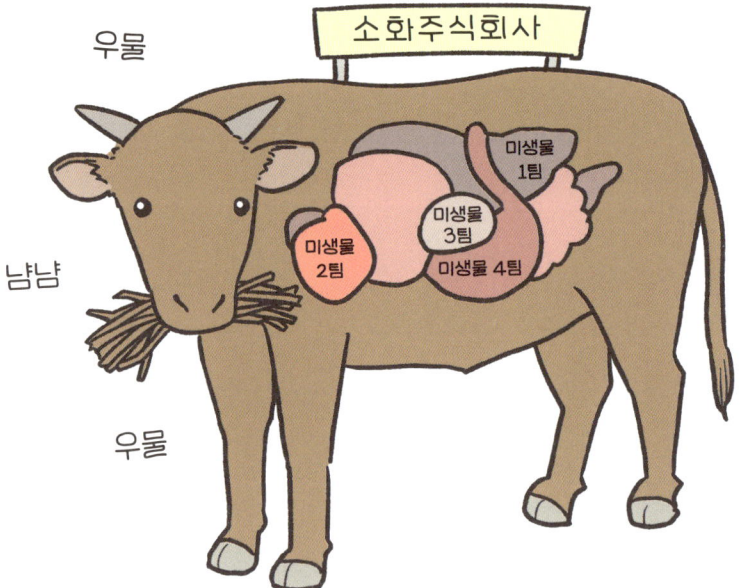

능력치
근육 만들기
★★★★
단번에 소화하기
☆

동물원 속 과학
동물의 생활, 생물과 환경

- **분포** 전 세계
- **분류** 포유류
- **크기** 몸길이 310cm
  무게 450~1,000kg
- **식성** 건초, 나뭇잎, 풀 등 초식성

소는 왜 끊임없이 되새김질할까?

 소는 어떻게 풀만 먹는데도 거대한 근육과 엄청난 지방을 자랑할까요? 혹시 소가 풀을 먹고 되새김질하는 모습을 본 적이 있나요? 이 되새김질을 '반추'라고 하는데요. 소는 낮에 씹어 넘긴 여물을 저녁에 게워내 다시 씹습니다. 이것은 반추 동물의 위인 '반추위'를 가진 덕분에 가능한 독특한 소화 과정이에요.

 소 이외에도 초식동물 중에는 반추위를 가지고 있는 동물들이 있습니다. 이들은 포식자들에게 쫓길까 봐 눈치를 살피며 급하게 풀을 뜯어 먹고는, 나중에 안전한 곳으로 가 다시 게워낸 후 제대로 씹어 삼키지요.

 하루에 3만 번, 12시간 이상을 씹고 되새기는데, 이 독특한 습성에는 단순히 생존 전략뿐이 아니라 소의 몸집을 거대하게 만드는 비밀이 숨겨져 있습니다.

 반추위는 소가 따뜻한 체온으로 덥혀 놓은, 일종의 미생물을 기르는 공장과도 같아요. 여기서 핵심은 소는 스스로 풀을 제대로 소화하지 못한다는 점인데요. 풀은 대부분 셀룰로오스 같은 섬유질로 이루어져 있는데, 소의 몸은 이를 분해할 능력이 없어요.

하지만 반추위 속에 사는 작은 미생물들은 달라요. 이 친구들은 셀룰로오스를 분해해서 포도당을 만들고, 이 포도당을 에너지로 사용하거나 지방산으로 바꾸지요. 결국 소는 미생물 덕분에 풀에서 에너지를 얻을 수 있답니다.

반추위는 식물의 단백질과 지방을 어떻게 바꿀까?

식물의 몸속에는 단백질인 효소가 있어요. 식물 역시 생명체이므로 생존하기 위해 여러 단백질을 식물 본체에서 합성합니다. 이 식물의 단백질들은, 소의 위 속에 사는 미생물이 분해하고 아미노산을 만드는 등 생존과 증식을 위해 처리하고, 사용하는 것이지요. 즉, 반추위는 단순히 셀룰로오스를 분해하는 곳이 아니라, 식물에서 온 단백질과 지방을 소에게 필요한 형태로 바꿔주는 '다목적 공장' 역할을 하는 거랍니다.

소는 풀만 먹지만, 풀을 소화하기 위해 몸속에서 미생물들을 키우고, 미생물들은 시간이 갈수록 그 수가 점점 불어납니다. 미생물은 당, 단백질, 지방 등으로 구성되어 있는데, 소는 이 미생물까지 완전히 흡수해서 자신에게 필요한 모든 양분을 얻습니다.

이렇게 소는 풀을 직접 소화하지 못하지만, 미생물을 활용해서 풀의 에너지를 '간접적으로' 흡수하는 거랍니다. 놀랍지 않나요? 풀만 먹는 소가 몸무게 500킬로그램에 이르는 덩치로 자라는 비밀이 여기에 있지요.

소와 미생물이 만들어낸 이 독특한 협력 시스템은, 자연의 균형과 생명체의 상호작용을 이해하는 데 중요한 단서를 제공합니다. 결국 소의 거대한 몸집도, 우리 장 속의 미생물이 우리의 건강을 지켜주는 것처럼 생명체 간의 '공생'에서 비롯된 것이니까요.

수상한 과학자의 탐구일지

소의 방귀와 트림이 지구 온난화의 주범이라고?

소는 방귀를 많이 뀌고 트림도 많이 하는 동물입니다. 미생물이 식물을 분해할 때 기체인 메테인(CH_4)과 암모니아(NH_3)도 많이 만들어내거든요. 이 때문에 소는 온실가스를 많이 배출하는 대표적인 동물로 꼽히기도 합니다. 축산업에서 배출되는 온실가스의 양은 지구의 전체 온실가스 발생량의 12~17퍼센트 정도로 자동차, 버스, 기차, 배, 비행기 등의 모든 운송 수단이 만들어내는 온실가스의 양(전체 온실가스 배출량의 25퍼센트가량)보다는 적지만 결코 무시할 수 없는 양입니다. 그러므로 축산업에서 배출되는 온실가스를 줄이는 것은 전 세계적 과제로, 현재 온실가스 발생을 줄이는 사료 첨가제를 사용하거나 식물성 대체육을 개발하는 연구도 활발히 진행 중입니다.

고슴도치

작고 귀엽다고 얕보면 큰일 나요

겉모습 →

← 본모습

동물원 속 과학
동물의 생활, 생물의 한살이

분포	유럽, 아시아, 아프리카 등
분류	포유류
크기	몸길이 220~280mm 무게 360~630g
식성	잡식성

능력치

주인 알아보기
☆

후다닥 달리기
★★★★★

귀여운 겉모습에 속지 말라고?

비록 온몸에 가시가 삐죽삐죽 났지만, 주인의 익숙한 손 냄새를 맡으면 가시를 눕혀서 찔리지 않게 하는 고슴도치, 참 귀엽죠? 고슴도치를 손에 쥐고 배를 간질여 주면, 기분이 좋은지 눈을 감고 잠에 빠지기도 합니다.

하지만 갑자기 다가가서 고슴도치를 손으로 확 잡으면, 가시에 찔릴 것은 각오해야 해요. 부드럽게 만져주는 것을 좋아하는 친구이니까요. 눈이 좋지 않아서 주인인지 아닌지 분간을 못 하니, 반드시 먼저 손 냄새를 맡게 하고 만져야 찔리지 않는답니다.

고슴도치의 귀여운 겉모습만 보고 풀만 뜯어 먹는 평화주의자일 것이라고 착각하면 안 됩니다. 밀웜과 같은 벌레를 먹이로 주면, 게걸스럽게 냠냠 해치워 버리니까요.

야행성인 고슴도치는 야생에서는 밤에 먹이 활동을 활발하게 합니다. 한낮의 더위를 싫어하기 때문에 낮에는 늘어지게 자다가, 해가 지고 어두워지면 시원해진 숲을 돌아다니면서 꿈틀대는 애벌레나 곤충, 어린 개구리, 심지어 작은 새나 뱀까지도 먹어 치우지요. 대단한 먹성을 지닌 대식가랍니다.

고슴도치는 생각보다 아주 빨라요. 짧은 다리로 후다닥 달리면, 우리도 빠른 걸음으로 쫓아가야만 잡을 수 있으니까요. 하기야 그렇게 빠르니 많은 다리로 기어다니는 벌레들도 잡아먹을 수 있겠죠.

야생에서 고슴도치를 노리는 동물이라면 '여기에 통통하고 맛있게 생긴 녀석이 있었네' 하면서 다가갈지 몰라요. 비록 고슴도치는 눈이 좋지 않지만, 후각과 청각이 발달해 다른 동물이 다가오는 소리를 들으면 가시를 뾰족하게 세우고 몸을 둥글게 말아서 머리, 다리, 꼬리를 집어넣고 연약한 배 부분을 보호합니다. 수천 개나 되는 고슴도치의 가시는 찔리면 꽤 아픈데요. 그래서 고슴도치를 발로 몇 번 굴리던 동물들도 따끔하게 찔리고 나면 흥미를 잃고 다른 곳으로 가고 말지요.

뾰족한 가시, 처음부터 딱딱한 것은 아니라고?

고슴도치의 가시는 무엇으로 만들어져 있길래 이렇게 딱딱할까요? 혹시 뼈가 등에서 자라나는 것일까요? 전혀 그렇지 않답니다. 고슴도치 등에 난 가시는, 털이나 머리카락과 같은 성분으로 이루어져 있어요. 바로 케라틴이라는 단백질 섬유입니다. 사람의 몸에 있는 머리털, 손톱, 발톱이 케라틴으로 이루어져 있듯이 새의 깃털, 발톱, 그리고 동물의 털, 뿔과 발굽도 케라틴으로 이루어져 있어요.

새끼 고슴도치는 날 때부터 가시를 가지고 태어나지만, 가시가 딱딱하다면 엄마 고슴도치가 출산할 때 고통스럽겠지요? 그러니 새끼 고슴도치의 가시는 당연히 태어날 때는 부드러워야 합니다.

가시를 이루는 성분인 케라틴이라는 단백질 섬유 가닥들 사이에 물 분자가 끼어들면 딱딱하지 않고 부드러워져요. 수영을 오래 하거나 목욕탕에 오래 들어가 있으면, 사람의 손톱이 물에 불어서 물렁물렁해지는 것처럼 말이지요. 새끼 고슴도치의 가느다란 가시는 엄마 고슴도치의 양수 속에서 퉁퉁 붇기 때문에 부들부들하지요. 하지만 태어나서 시간이 지나면 가시에서 수분이 다 날아가 사람 손톱처럼 딱딱해집니다.

다른 동물들은 케라틴을 이용해 털과 발톱을 만드는데, 고슴도치는 등에 가시를 만들었답니다. 아, 고슴도치를 기르고 싶은 마음이 무럭무럭 자라나네요. 까슬까슬한 가시를 세우고 총총총 기어가는 모습이 너무 귀엽잖아요.

비버

호수도, 별장도 잘 만들어요

건축은 맡겨만 주십숏!

능력치

수영하기
★★★★★

댐 만들기
★★★★★

분포 유럽, 아메리카 북부, 캐나다, 알래스카 등

분류 포유류

크기 몸길이 60~70cm
무게 20~27kg

식성 나뭇가지 껍질, 새싹, 수초, 나무뿌리 등 초식성

동물원 속 과학

동물의 생활, 생물과 환경

자기도 모르게 생태계의 터전을 만들고 있다고?

비버는 앞니를 사용해서 나무를 쓰러뜨리고, 이 나무들을 이용해서 커다란 댐을 만들고 삽니다. 그리고 댐이 만들어 낸 커다란 호수에서는 다양한 물풀들이 자라나요.

비버가 직접 만든 호수에 물고기를 기르고, 기른 물고기를 잡아먹는다는 것은 잘못된 정보랍니다. 철저한 채식주의자인 비버는 입이 넓은 활엽수의 속 부분과 이파리, 허브, 물풀 등을 먹으면서 살아요. 천적으로부터 멀리 떨어져 호수에서 유유자적 헤엄을 치면서 재미있게 살아가지요. 설령 비버를 잡아먹기 위해 다른 동물이 나타나도 걱정할 것 없어요. 비버는 아주 뛰어난 수영 실력을 가졌거든요.

비버가 나무로 댐을 만들지만, 댐에서 사는 것은 아니에요. 비버는 댐 뒤에 작은 오두막을 짓고, 그 속에서 살아간답니다. 비버의 작은 오두막은 호수 옆에 세워진 별장과 같아 매우 운치가 있어요. 자그마한 녀석이 큰 호수도 만들고, 별장도 만드는 것을 보니 뛰어난 건축가처럼 보입니다. 낭만을 아는 것 같기도 하네요.

비버가 만든 댐에는 물고기와 물고기를 잡아먹고 사는 새들도 살아요. 비버는 단지 천적을 피해서 물풀을 길러 먹고 맛있는 나무 속과 이파리를 먹었을 뿐인데, 자기도 모르게 다양한 동물들이 편하게 살 수 있는 삶의 터전을 마련해주고 있네요.

비버의 튼튼한 이빨이 부럽다고?

길게 자란 앞니가 흉물스럽다고 비버의 성격이 안 좋을 것이라 생각한다면 오해예요! 비버는 평화주의자거든요. 비버를 건드리지 않고 그냥 내버려만 둔다면 비버는 아주 행복하게 살아갈 수 있어요.

비버는 다른 설치류와 달리 새끼를 많이 낳지 않아요. 1년에 몇 마리만 낳고 기르는데, 운이 좋으면 전년도에 낳은 언니와 형들이 호수로 찾아와서 올해에 태어난 동생과 잘 노는 모습을 볼 수 있습니다. 동물의 세계에서는 이런 모습을 보기가 쉽지 않답니다. 다른 동물들의 경우, 전년에 낳은 녀석들은 다 쫓아내 버리는 것이 대부분이거든요.

비버의 꼬리는 넓적한 탁구채처럼 생겼어요. 꼬리는 수영할 때도 쓰고, 지지대로 사용해 몸을 바로 세우기도 하며, 지방을 채워 넣어서 체온을 조절하기도 합니다. 하지만 비버의 생김새에서 가장 특징적인 부분을 손에 꼽으라면 바로 붉은 앞니일 거예요.

다른 설치류처럼, 비버의 앞니도 다시 계속 자라나는 특성을 가져요. 나무를 쉼 없이 갉아먹느라 이빨이 닳아도 다시 자라기 때문에 이빨을 잃어버릴 걱정은 없지요. 그런데 비버의 이빨을 보면 유독 빨간 것을 보게 되는데요. 다른 설치류들은 치아의 에나멜층에 마그네슘이 들어 있는데, 비버는 에나멜층에는 철이 들어 있어서 그렇답니다. 우리의 피에도 철이 들어 있는 적혈구가 있어서 붉게 보이잖아요. 비버의 이빨이 붉은 것도 바로 이 철 때문이랍니다.

이 철이 있는 에나멜층은 매우 단단하여 쉽게 닳지 않아요. 지금 이가 빠져 있어서 비버가 부럽다고요? 부러워할 필요 없어요. 아무리 치아가 튼튼해도 빨간 치아를 가진다면 남들에게 놀림 받기 딱 좋을 테니 말이에요.

수상한 과학자의 탐구일지

설치류란 어떤 동물을 말할까?

송곳니는 없고, 앞니와 앞어금니 사이에 넓은 틈이 있는 동물들로, 포유류 중 가장 많은 개체 수와 생물 종을 가지고 있어요. 보통 발가락이 5개이지만 앞발의 엄지발가락이 흔적만 남아 있거나 없는 것이 많아요. 쥐를 비롯한 비버, 뉴트리아, 카피바라 등이 대표적인 설치류랍니다.

개복치

생선인지, 플랑크톤인지 몰라몰라~

호로록

동물원 속 과학
동물의 생활

분포 세계의 온대 및 열대 해역
분류 경골어류
크기 몸길이 2~3m
무게 200~1,000kg
식성 해초, 동물성 플랑크톤, 오징어, 갑각류, 작은 물고기 등 잡식성

능력치
먹이 흡입하기
★★★★★
물에 떠 있기
★★★★★

생선일까, 플랑크톤일까?

마치 생선의 머리 부분만 뚝 잘라 놓은 듯한 생김새, 아래위로 나 있는 두 개의 커다란 지느러미, 뭉툭한 꼬리지느러미를 가진 거대한 개복치는 바다 위를 둥둥 떠다닐 때가 많아요. 물결이 흐르는 대로 몸을 맡기고 둥둥 떠다니면서 살아가는 생명체를 플랑크톤이라고 하는데, 개복치를 아주 큰 플랑크톤이라는 의미의 '메가 플랑크톤'이라고 부르기도 한답니다.

개복치는 라틴어로 맷돌을 의미하는 '몰라Mola'에서 유래된 이름인 '몰라몰라Mola mola'라고도 부릅니다. 별명도 많은데요. 독일에서는 '헤엄치는 대가리', 폴란드에서는 '대가리만 있어', 스웨덴에서는 '덩어리'라는 별명을 가지고 있어요.

다 자란 개복치는 일반적으로 200킬로그램부터 1,000킬로그램까지 체중이 나가고, 해파리, 갑각류, 심지어 작은 어류까지 먹으면서 살아가요. 길이 3미터가 넘고 체중 2,000킬로그램이 넘는 녀석들도 잡힌 적이 있다고 하니 아주 큰 물고기임에는 분명합니다.

개복치도 먹이를 쫓을 때나 물개, 상어, 범고래와 같은 큰 포식자를 피해 도망을 갈 때는 아주 빠르게 헤엄을 쳐요. 큰 덩치를 유지하려면 많이 먹어야 하고, 또 많이 먹으려면 부지런해야 하니 개복치가 늘 해수면에 둥둥 떠다닌다고 오해하면 안 되겠군요.

바다 밑에서는 빠르게 바다 위에서는 유유히

개복치의 몸 표면에는 많은 기생충이 살고 있어요. 어쩌면 개복치가 바다 위를 둥둥 떠다니는 이유는 갈매기 같은 새들이 와서 기생충을 없애 주기를 바라기 때문일지도 몰라요. 가만히 누워 있다 보면 바닷속 작은 물고기들이 와서 기생충을 먹어 치울 수도 있고요.

개복치가 수심 200미터가 되는 깊고 차가운 물에서 빠르게 헤엄치며 먹이 활동을 하는 것이 포착되기도 하는데요. 어쩌면 바다 위에서 일광욕하며 몸을 따뜻하게 데우는 것은 차가운 물 속에서 사냥할 준비를 하기 위함일지 몰라요. 그러니 개복치가 바다 위를 둥둥 떠다니기만 한다고 생각하는 것은 오해랍니다!

개복치는 먹이를 씹어 삼키지 않아요. 먹이 근처에서 '후읍~' 하고 물을 빨아들인 후 물만 뱉고 먹이를 걸러서 먹어요. 마치 '면치기'를 보는 것 같죠? 씹는 것을 귀찮아하는 것을 보니 조금 게을러 보이기도 합니다.

자, 그럼 마지막으로 질문을 하나 해볼게요. 개복치는 플랑크톤일까요, 아닐까요? '몰라몰라'라고요? 흠~ 둥둥 떠다닐 때는 플랑크톤이지만 힘차게 헤엄칠 때는 아니니 헷갈리는군요. 그러니 '몰라몰라'를 정답으로 해야겠네요.

잎꾼개미

6,600만 년째 농사짓는 중

1등급 버섯 농사 경력 6600만 년

동물원 속 과학
다양한 생물과 우리 생활, 생물과 환경

능력치
땅굴 만들기
★★★★★

- **분포** 중남미
- **분류** 곤충류
- **크기** 몸길이 1.5mm~2.5cm
- **식성** 잡식성

인류보다 일찍 농사를 지어왔다고?

떼를 지은 개미들이 나뭇잎을 자르더니, 잎을 한 덩이씩 지고 줄지어 이동하고 있군요. 대체 어디로 가는 것일까요? 개미들이 나뭇잎을 좋아할 리는 없을 텐데 말이에요.

사실 이 개미들은 개미굴에 있는 버섯 농장으로 가는 중입니다. 버섯을 기르기 위해 버섯이 영양분을 섭취할 수 있도록 나뭇잎을 가져가는 거예요. 마치 우리가 소를 기를 때 풀을 잘라서 소에게 주듯, 버섯에 나뭇잎을 잘라서 주는 것입니다.

'개미가 농사를 짓는다고?' 하면서 깜짝 놀랄 분들도 있겠네요. 약 1만 년 전부터 인류는 농사를 짓기 시작하면서 한곳에 정착할 수 있었고, 그 결과 위대한 문명을 일굴 수 있었어요. 그러니 농사의 시작은 인류의 위대한 여정에서 중대한 갈림길이 되었지요.

그런데 우리가 농사를 짓기 시작한 시점보다 훨씬 이전부터 남아메리카의 우림 지역에 사는 개미는 농사를 짓고 있었답니다. 얼마나 빨리 시작했냐고요? 무려 6,600만 년 전부터래요! 엄청나지 않나요?

  오늘날에는 약 240종의 개미가 남아메리카와 카리브 지역에서 버섯을 기르고 있어요. 놀라운 점은 이 버섯 농장들이 병충해에 아주 강하다는 점이에요. 일반적으로 하나의 개미 집단은 한 종류의 버섯만 기르는데, 이렇게 유전적으로 단조로운 작물들은 자신들이 면역력을 가지지 않은 질병에 한두 개체만 감염돼도 순식간에 모두 전염돼 죽을 수 있어요. 하지만 개미들이 버섯 농장을 위협하는 곰팡이균을 죽일 수 있는 물질도 합성하고, 자신들의 버섯 농장을 병충해로부터 보호하면서 아주 잘 가꾼답니다.

개미가 기른 버섯은 무엇이 다를까?

흥미로운 점은 아주 오래전에 개미굴로 옮겨져서 경작되기 시작한 버섯들은 야생에서의 친척들과는 완전히 다른 진화의 과정을 겪게 되었다고 하네요. 예를 들어, 습한 기후의 야생 상태에서 잘 자라는 버섯을 건조한 지하 땅굴로 가져오면 이 버섯은 새로운 환경에 적응하기 위해 완전히 새로운 성질을 갖게 된대요.

버섯만 주어진 환경에 적응하는 것은 아니에요. 개미들은 아르기닌 같은 아미노산을 버섯에서 쉽게 얻을 수 있기에 굳이 몸속에서 직접 만들 필요가 없어졌지요. 그 결과, 버섯을 기르는 개미들은 아르기닌 아미노산을 만들 수 있는 능력을 완전히 잃어버려서 버섯 없이는 살 수가 없는 몸이 된다고 하네요.

또 개미는 버섯을 기르기 위해 버섯이 좋아하는 나뭇잎을 한 번에 다 따버리지 않아요. 만약 갑자기 너무 많은 나뭇잎을 잘라가면 나무는 개미가 싫어하는 쓴맛의 물질을 만들어서 나뭇잎에 집어넣기 시작할 거예요. 그런 나뭇잎은 버섯을 기르는 데 당연히 도움이 되지 않겠지요. 나무의 심기를 건드리지 않고, 자신들의 버섯 농장을 유지할 수 있을 만큼만 나뭇잎을 수확하는 개미들이 참 현명해 보이지 않나요?

개미의 버섯 농사법에서 우리 인간도 많이 배워야겠습니다. 역시 사람보다 6,600만 년 전부터 농사를 지었던 존재들의 지혜에서 배울 점이 있다니까요.

수상한 과학자의 탐구일지

다른 개미도 버섯을 기를까?

흰개미도 버섯을 기를 수 있어요. 잎꾼개미처럼 정성껏 기르지는 않고 자신들의 배설물과 부엽토 등을 뿌려주면서 기르지요. 흠… 잎꾼개미가 기르는 버섯이 훨씬 더 맛있어 보이는군요.

벌새

현기증 나니까 빨리 설탕 주세요

당 없이는 못 살아!

능력치

빠른 날갯짓
★★★★★

설탕 먹기
★★★★★

동물원 속 과학

동물의 생활

분포 남아메리카, 중앙아메리카 북부

분류 조류

크기 몸길이 6.5~21.5cm

식성 곤충, 거미, 꽃꿀 등 잡식성

곤충이 안 먹는 꿀만 찾아 먹는 이유는?

벌새는 꽃의 꿀을 먹고 살아요. 그리고 꿀을 잘 빨아 먹기 위해서 대롱 같은 부리를 가지고 있지요. 흥미롭게도 벌새와 식물은 함께 진화 현상을 겪는다고 해요. 선호하는 꽃의 모양에 따라 벌새 부리의 길이, 휘어진 정도 등이 정해진다고 합니다.

벌새는 벌과 같은 곤충과 꽃을 두고 경쟁해야 하죠. 그래서 가능한 한 곤충이 별로 좋아하지 않는 꽃의 꿀을 빨아 먹어요. 곤충들은 자신들이 쉽게 앉을 수 있는 평평한 꽃잎을 지닌 꽃을 좋아하지만, 벌새들은 길쭉한 대롱 형태로 깊숙한 곳에 꿀을 숨겨둔, 곤충들이 별로 안 좋아하는 꽃을 좋아해요. 그리고 그 꽃의 꿀을 빨아 먹는답니다.

또 곤충들은 과당과 포도당이 많이 든 단 꿀을 좋아하는 반면, 벌새는 다소 밋밋한 단맛의 꿀을 먹습니다. 곤충과 싸우지 않으려 하는 벌새는 평화주의자로군요.

벌새가 세계 챔피언 2관왕에 오른 종목은 무엇일까?

 벌새의 영어 이름은 '허밍버드'예요. 벌새는 꽃의 꿀을 빨아 먹는 동안 공중에 떠 있기 위해 빠르게 날갯짓을 하는데, 날갯짓이 얼마나 빠른지 허밍 소리가 들리거든요. 벌새 중에도 작은 종은 1초에 80번 날갯짓을 한다고 하니, 정말 어깨가 빠져라 날개짓을 하고 있답니다.

 벌새는 두 가지 분야에서 세계 1위를 하고 있는데요. 다 자란 새를 기준으로 '가장 작은 새', 체온을 항상 일정하고 따뜻하게 유지하는 항온 동물 중에서 '몸의 신진대사가 가장 빠른 동물'이라는 기록이 그것이에요.

 가장 작은 벌새의 종은 무게가 2그램 정도이고, 가장 무거운 녀석들도 20그램 정도밖에 되지 않아요. 그런데 신진대사의 속도는 매우 빨라서, 만약 잘 때도 신진대사 속도가 유지된다면 자다가 죽을 수도 있다고 해요. 그래서 벌새가 잘 때는 평소 신진대사 속도의 15분의 1 정도, 즉 거의 겨울잠을 자는 수준으로 떨어뜨린답니다.

 빠른 날갯짓을 위해 벌새는 정말 많은 에너지를 소모해

요. 같은 무게의 근육을 가졌다고 가정하면, 세계 최고의 운동선수가 1초에 사용하는 산소 양의 약 10배나 많이 쓴다고 합니다. 또 마라톤 선수가 경기 중에 사용하는 열량의 10배 정도를 소비한다고 해요.

  벌새가 먹는 설탕의 양을 생각해 보면 깜짝 놀랄지 몰라요. 하루에 자기 몸무게의 절반 정도 먹거든요. 몸무게가 80킬로그램의 사람이라면 매일 설탕 40킬로그램을 먹는 셈이지요. 정말 대단한 설탕 중독자네요! 너무 빠른 신진대사에 속도를 맞추기 위해 10분마다 설탕을 먹어야 한다고 하네요.

  우리가 이렇게 설탕을 많이 먹는다면 당뇨병에 걸리겠지만, 벌새는 먹는 족족 다 연소시켜서 당뇨병 걱정은 없어요. 오히려 꿀을 먹지 못하면 죽게 되니 '설탕을 먹어야 사는 새'라고 이름을 바꾸어야 할지도 모르겠군요.

  벌새는 심장도 정말 빨리 뛰어요. 날갯짓하는 동안 1분에 최대 1,200번이 넘게 뛴다고 하네요. 앉아서 쉬는 동안에도 1분에 250번 정도를 숨을 쉰다니까 벌새를 친구로 둔다면 정신이 하나도 없을 것 같아요. 옆에서 숨을 '하아하아하아' 쉬면서 심장은 '콩콩콩콩' 뛸 테니 말이에요.

슬프게도 신진대사가 빠르고, 심장이 빨리 뛰는 작은 동물은 그리 오래 살지 못해요. 쥐도 겨우 2년 정도만 사니까요. 하지만 벌새는 신기하게도 10년 넘게 살기도 한다네요. 하아, 근데 정말 벌새는 심장에 해로운 새인 것 같아요. 너무 귀엽잖아요. 벌새의 심장도 콩콩콩콩, 예쁜 벌새를 보는 내 심장도 콩콩콩콩.

대머리수리

무엇이든 먹어서 소화시켜버리겠어

제 1회 국제소화대회

별 것 아니네

동물원 속 과학
동물의 생활, 생물과 환경

분포	지중해 서부에서 아시아 동부
분류	조류
크기	몸길이 98~120cm 무게 6.8~14kg
식성	동물의 사체 등 육식성

능력치
초원 청소하기
★★★★★
썩은 음식 먹기
★★★★★

청소동물이 없다면 초원은 어떻게 될까?

동물 다큐멘터리에서 사자가 먹고 남긴 고기를 얻어먹기 위해 하이에나, 대머리수리들이 먹이 주변에 기다리는 것을 본 적이 있을 거예요. 하이에나나 대머리수리는 '죽음'을 연상시키는 동물이기에 부정적인 이미지를 가지고 있지요.

큰 동물이 죽으면 먼저 하이에나와 같은 녀석들이 와서 어느 정도 해치우고, 그다음 대머리수리 같은 녀석들이 나머지 남은 고기를 먹어 치웁니다. 썩었거나 말거나 아랑곳하지 않고 먹지요. 다 먹고 남은 뼈는 다시 하이에나가 다 부수어 먹기 때문에 결국 초원에는 아무것도 남지 않은 채 깨끗해집니다.

그런데 만약 이런 청소 동물들이 세상에 없다면 어떤 일이 벌어질까요? 초원에 코끼리, 코뿔소, 기린과 같은 거대한 동물이 죽고, 그 고기가 썩기 시작한다면요? 사자와 같은 사냥꾼들은 썩은 고기를 먹지 않으니, 하이에나나 대머리수리 등이 먹어 치워야 하는데 얘네들이 세상에 없다면 초원은 엄청난 악취로 뒤덮일 거예요. 어휴~ 상상만 해도 끔찍하네요.

  한때 인도에서는 진통제 성분을 섭취한 소의 사체를 먹은 대머리수리들이 몰살당한 적이 있답니다. 어떤 동물에게는 아무런 문제가 없는 약품이, 대머리수리들에게는 치명적인 약품이었던 셈이죠. 대머리수리의 수는 지금도 적지만, 그래도 조금씩 회복세에 있다는 반가운 소식이 있다네요.

무엇이든 녹여 버리는 무시무시한 대머리수리의 위

'밥이 쉬었으니, 먹으면 안 돼.' '고기 상했어. 버려야 해.'
  상한 음식은 안 먹는 게 좋다는 것을 우리는 본능적으로 알지요. 음식이 상했다는 것은 음식물에 많은 미생물이 증식해 있다는 뜻이고, 이런 미생물들이 우리 뱃속에 들어오면 죽지 않고 번식하면서 식중독을 일으킬 수 있기 때문입니다.

그런데 하이에나나 대머리수리는 왜 썩은 고기를 먹어도 멀쩡할까요? 비밀은 바로 위에서 음식을 소화하기 위해 분비하는 위액의 산성 정도에 있어요. 위의 산성 정도는 'pH(피에이치)'라는 척도로 측정되는데, pH 숫자가 적으면 적을수록 산성이 강한 것을 의미해요.

사람의 위산은 pH가 2~3 정도이고, 하이에나의 위산은 pH가 2보다 작아요. 즉, 하이에나의 위액이 사람의 위액보다 산성도가 훨씬 강하다는 뜻이지요. 대머리수리는 어떨까요? 대머리수리 위산의 pH는 거의 0에 가까워요. 사람의 위산 농도와 비교하면 100배 정도 차이가 나는 셈이죠. 이런 강한 산성의 위액에서는 박테리아, 바이러스도 다 죽어버린답니다. 그러니 대머리수리는 무엇이든 뱃속에 넣기만 하면, 썩은 음식이었더라도 전부 멸균을 하는 셈이에요.

실제로 대머리수리의 위산은 동물 중에서 가장 강한 산성을 가지는데, 대머리수리의 위에서는 뼛조각도 금방 녹아 버리고, 심지어 금속 조각도 녹아 버려요. 앞으로 하이에나 대머리수리를 TV에서 본다면 죽은 고기를 먹는다고 너무 미워하지 않기를 바라요. 비록 생김새는 무서워도

자연을 깨끗하게 청소해주는 존재들이니까요. 세상에 쓸모없는 존재는 없다고요.

나미브사막 거저리

사막에서도 언제든 물을 마실 수 있어요

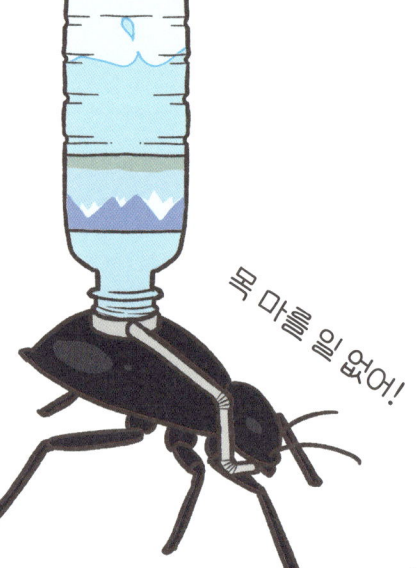

목 마를 일 없어!

능력치
등껍질에
물방울 모으기
★★★★★

동물원 속 과학
생물과 환경

분포	남아프리카 나미브 사막
분류	곤충류
크기	몸길이 2cm
식성	식물 잎, 나무 수액, 작은 동물 등 잡식성

사막에서도 다양한 동물들이 살고 있다고?

세상의 모든 생명체는 세포를 가지고 있고, 세포는 물이 없으면 생존할 수 없어요. 그러니 물을 구하지 못하는 생명체는 살아갈 수 없겠죠?

아프리카 대륙의 서남쪽에 있는 나미브 사막은 1년 내내 비라고는 구경할 수 없는 건조한 곳이랍니다. 그런데 이렇게 건조한 곳에서 씩씩하게 살아가는 동물들이 정말 많아요. 무려 3,500여 종의 생명체가 살아가고 있으니, 사막에 생명체가 살 수 없을 거라는 선입견은 잘못된 것이지요. 실제로 사막에 적응한 코끼리는 4일 동안 물 한 모금 먹지 않고도 살 수 있다고 해요.

여러 생명체 중에서도 놀라운 생존 기술로 유명한 것이 바로 나미브 사막에 사는 나미브사막거저리랍니다. 이 나미브사막거저리는 정말 놀라운 능력을 가졌어요. 사막의 건조한 공기에서 물을 끌어와서, 물방울을 등에 지고 다니니 말입니다. 나미브사막거저리를 본 과학자들은 등껍질에 물방울이 맺힌다는 것을 짐작하고는, 나미브사막거저리를 연구하기 시작했답니다.

　한낮의 사막은 매우 건조하고 뜨겁지만, 밤이 되면 아주 추워져요. 때로는 사막의 건조한 공기 속에 있는 아주 적은 양의 수증기가 낮은 온도에서 엉기면서 안개를 만들어 냅니다. 실제로 이 안개가 사막에 사는 많은 동식물의 주된 물 공급원이에요.

　나미브사막거저리는 이 안개를 모아 물방울을 만드는 기발한 등껍질을 가지고 있어요. 나미브사막거저리의 등껍질 자체는 물을 싫어하는 소수성이지만, 군데군데 물을 좋아하는 친수성의 돌기들이 나 있어요. 안개의 아주 작은 물방울들은 나미브사막거저리의 등 돌기에 맺히는 거랍니다.

　나미브사막거저리를 보면 머리를 가장 낮은 곳으로 숙이고 꽁무니를 높이 쳐들고 있지요? 안개의 작은 물방울들이 서로 뭉치면 좀 더 큰 물방울이 되는데, 나미브사막거저리가 고개를 숙이면 물방울이 물을 싫어하는 등껍질을 또르르 타고 내려서 나미브사막거저리의 입으로 들어갈 수 있어요. 꽁무니만 쳐들고 있으면 물방울이 알아서 굴러 내려와서 물을 마실 수 있으니 자동 급수 장치를 가지고 있는 셈이지요.

급수기가 달려 있는 등껍질의 비밀

나미브사막거저리 등껍질의 비밀을 밝혀낸 과학자들은 사막에서 물을 얻는 기술을 개발하는 중입니다. 친수성과 소수성으로 구역이 나뉘어 있는 나미브사막거저리 등껍질과 같은 패턴을 만들면서 말이지요.

이렇게 생명체의 특이한 성질을 흉내 내는 기술을 '생체 모방 기술'이라고 합니다. 매미의 투명한 날개, 나비나 공작의 화려한 날개, 바닷가 돌에 붙어 있게 만드는 홍합의 단백질, 스스로 깨끗함을 유지하는 연잎 등 아직도 인간은 자연에서 배울 것이 많이 있어요.

뜨거운 나미브 사막에서 살아남기 위해 오랫동안 진화에 진화를 거듭하여 획득한 나미브사막거저리의 물 모으기 기술은, 어쩌면 사막에 사는 사람들로 하여금 물 걱정 없이 살 수 있게 하는 데 아주 중요한 역할을 할지도 모르겠네요. 감사합니다. 나미브사막거저리 선생님!

거 미

먹이를 주스로 만들어요

능력치

독 분사
★★★★

거미줄 치기
★★★★★

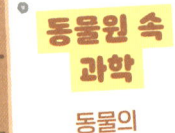

동물원 속 과학

동물의 생활

분포   전 세계
분류   거미류
크기   몸길이 1~50mm
식성   곤충 등 잡식성

거미는 먹이를 어떻게 잡아먹을까?

커다란 나방 한 마리가 거미줄에 걸렸습니다. 어디선가 갑자기 나타난 커다란 거미! 꽁무니에서 나오는 실을 이용해서 꽁꽁 묶더니 날카로운 이빨로 나방을 콱 뭅니다. 여덟 개의 눈과 여덟 개의 다리, 날카로운 송곳니를 가진 거미는 괴물이 따로 없군요.

나방이 버둥대는가 싶더니 잠시 지나자 움직임이 멈췄습니다. 한참 후, 거미가 다시 와서 나방 주스를 쭉 마시고는 껍데기만 남은 나방을 거미줄에서 툭 떼어내 버립니다. 그리고 아무 일도 없었다는 듯이 다시 거미줄을 수선하기 시작하는군요. 나방이 거미줄에 걸린 것까지는 봤는데, 거미가 무엇을 했길래 금방 조용해지더니 몸 안이 주스처럼 녹아버렸을까요?

지금까지 알려진 바로는 바기라 키플링이라는 딱 한 종류의 거미를 제외하고, 모든 거미는 다른 동물을 사냥하여 잡아먹습니다. 작은 곤충부터 벌새처럼 작은 새와 도마뱀까지 잡아먹는데요. 작은 체급의 동물들 사이에서 거미는 그야말로 무시무시한 악당이지요.

거미줄을 그물처럼 만들어 다른 곤충이 걸려들게 기다리는 녀석부터, 사냥감의 뒤를 덮치는 녀석까지 거미의 사냥법은 정말 다양합니다. 하지만 사냥감에 독액을 주사한 후 사냥감의 몸 안이 흐물흐물하게 변해 액체가 될 때까지 기다렸다가 주스처럼 쭉 들이마시는 것은 거의 모든 거미의 공통점이라 할 수 있어요.

거미의 독액은 무엇으로 이루어져 있을까요? 간단히 이야기하면 마비시키는 성분과 소화시키는 성분으로 이루어져 있어요.

예를 들어, 거미의 독액이 곤충에게 주입되면 곤충의 세포는 매우 큰 혼란을 겪고 정상적인 작동을 멈추어 버립니다. 신경의 전달이 엉망진창이 되어 버리고 마비가 되지요. 아미노산이 여러 개 연결된 펩타이드 중에는 박테리아의 벽에 끼어 들어가서 박테리아를 터뜨려 죽이는 항생제로 작용하는 것들이 있어요. 거미 독에는 이런 물질이 있는데, 이 물질이 곤충의 세포막으로 끼어 들어가면, 세포를 터트리고 그 내용물이 밖으로 나오도록 합니다. 곤충의 몸 안이 곤죽이 되는 속도를 증가시키는 역할을 하는 것이지요.

거기에 독액 속에 있는 소화를 촉진하는 성분은 단단한 곤충의 살을 흐물흐물하게 변화시키고, 결국에는 즙 형태로 만들어 버려요. 결국 거미의 독액이 침투된 곤충의 껍데기는 그대로 있지만, 속은 다 녹아 액체가 되는 것이지요. 거미는 먹이를 씹어서 뱃속에 넣고 소화하지 않습니다. 그럴 필요가 없죠. 곤충 안의 영양분을 쭉 빨아 마시면 되는걸요.

거미는 인내심을 발휘해서 사냥감을 잡아요. 거미 꽁무니에서는 단백질이 들어 있는 액체가 나오는데, 이것을 쭉 잡아당기면 실의 형태로 변하지요. 이를 이용해서 거미줄을 칩니다. (인공 섬유를 제외하고) 세상에서 가장 강한 섬유인 거미줄을 만들 수 있는 화학자 거미는 귀찮게 먹이를 씹어서 뱃속에서 소화시키는 과정을 가볍게 건너뛰는 기발한 방법을 개발한 거예요. 바로 먹잇감 몸속에 소화효소를 집어넣어서 소화가 먼저 되게 기다리는 것 말입니다.

무섭게 생겼지만 싫어하지 말아요

하지만 거미를 지나치게 무서워할 필요는 없어요. 대부분의 거미는 사람에게 해를 끼치지 않고, 일부 해를 끼칠 수 있는 거미는 사람과 같은 공간에서 살아갈 확률이 희박하니까요. 거미에게 목숨을 잃는 사람의 수는 해파리에게 쏘여서 죽는 수보다 훨씬 적답니다.

가끔 거미에 물리는 사람도 있지만, 대부분 상처 부위가 가볍게 부푸는 정도에 그쳐요. 왜냐하면 거미는 사람을 사냥하여 먹을 수 없다는 걸 잘 알기 때문에 굳이 아까운 독액을 사람에게 주입하지 않거든요.

그러니 좀 무섭게 생겼지만, 해충을 잡아 없애주는 이로운 동물인 거미를 예뻐해 주시기 바랍니다. 예뻐해 주기는 힘들다고요? 뭐, 어쩔 수 없죠. 그럼 너무 미워하지 않는 것은 할 수 있죠?

뱀

비밀인데, 뒤로 기지는 못한답니다

내 사전에 후진이란 없다!

동물원 속 과학
동물의 생활

분포 전 세계
분류 파충류
크기 1m 미만~수 미터 이상
식성 육식성

능력치
앞으로 가기
★★★★★
뒤로 가기
☆

뱀은 왜 뒤로 기지 못하고 앞으로만 기어갈까?

뱀이 나무 위를 기어 올라가고 있습니다. 나무 위의 새 둥지에 있는 아기 새를 잡아먹으려나 봐요! 표범처럼 뾰족한 발톱이 있어서 나무를 오를 수 있는 것도 아닐 텐데, 몸통으로 나뭇가지를 감지 않고도 쉽게 올라갑니다.

이런! 아기 새가 울부짖는 소리를 들은 어미 새가 급하게 돌아와서 뱀의 머리를 쪼아대는군요. 부리에 쪼인 뱀이 짜증이 났는지 더 이상 나무에 오르지 못하고, 몸을 돌려 다시 기어 내려갑니다. 꼬리 쪽으로 물러서면 될 텐데 왜 굳이 몸을 돌려서 기어 내려갈까요?

뱀이 나무를 잘 타는 이유, 그리고 뒤로 기지 못하고 무조건 앞으로만 기어가는 이유는 바로 뱀의 껍질 때문이랍니다. 뱀의 배 부분을 아주 크게 확대해 보면, 비늘이 머리 쪽에서 꼬리 쪽으로 누워 있는 것을 볼 수 있습니다. 그리고 하나의 비늘을 더 크게 확대해 보면, 끝에 뾰족한 바늘이 많은 작은 비늘 역시 머리에서 꼬리 쪽으로 누워 있는 것을 볼 수 있지요. 나노미터란 1미터의 10억 분의 1만큼 작은 길이를 말하는데요. 뱀의 작은 비늘들은 수십 나노미터로 아주 얇아요. 그러니 뱀의 비늘은 수십 나노미터의 높이를 가진 수많은 계단으로 이루어져 있는 셈입니다.

우리의 머리카락도 확대해 보면, 두피 쪽인 뿌리부터 머리카락 끝 쪽 방향으로 머리카락을 이루는 큐티클 층이 누워 있는 것을 볼 수 있는데요. 이 큐티클 층을 확대해 보면 마치 낚싯바늘이나 작살 촉처럼 생겼지요. 그래서 머리카락을 뿌리부터 끝 쪽으로 쓰다듬어 보면 매끄럽지만, 머리카락 끝에서 뿌리 쪽으로 쓰다듬어 보면 까끌까끌한 것을 알 수 있어요.

거칠거칠한 뱀의 껍질에 숨겨진 나노기술

뱀의 껍질도 마찬가지랍니다. 머리에서 꼬리 쪽으로는 쓰다듬으면 매끄럽지만, 꼬리에서 머리 쪽으로 쓰다듬으면 거칠거칠할 거예요.

만약 나무에 오르고 있는 뱀의 꼬리를 잡고 뒤로 잡아당

긴다고 상상해 보세요. 마치 낚싯바늘에 걸린 물고기가 잘 빠져나오지 못하는 것처럼 뒤로 잘 잡아 당겨지지 않을 거예요. 당길수록 비늘이 나무에 박히는 셈이니까요. 그래서 뱀은 뒤로 기지 못하고 오로지 앞으로만 긴답니다.

 뱀이 나무를 잘 오를 수 있는 것도, 뒤로 기어갈 수 없는 것도 모두 껍질의 구조 때문입니다. 뱀은 다리를 잃은 대신 껍질에 나노기술을 적용하여 아주 잘 살아가고 있었군요.

수상한 과학자의 탐구일지

나노기술이란 무엇일까?

1나노미터는 1미터를 무려 십억 등분을 한 크기로 아주 작아요. 우리 눈으로 절대 볼 수 없이 작은 크기랍니다. 뱀의 작은 비늘은 50~100나노미터 정도인데 맨눈으로는 절대 볼 수 없어요. 하지만 주사전자현미경이라는 현미경으로 보면 이런 나노 패턴도 볼 수 있답니다.

나노기술이란 1~100나노미터의 크기를 가지는 나노물질을 이용하는 기술인데, 껍질에 나노 패턴을 가지고 있는 뱀은 뛰어난 나노 기술자네요.

모 기

작지만 무서운 최악의 살인 흡혈귀

무료 피 무한 리필!

동물원 속 과학
기후변화와 우리 생활

능력치
감염병 전파
★★★★★

간지럽히기
★★★★★

분포	전 세계
분류	곤충류
크기	몸길이 15mm 미만 무게 2~3mg
식성	식물의 즙, 혈액 등 잡식성

사람을 가장 많이 죽인 동물 1위는?

무시무시한 이빨을 가진 악어, 독을 가진 뱀, 독침을 가진 전갈, 동물의 왕 사자 등 세상에는 절대로 길을 가다 마주치고 싶지 않은 동물들이 많습니다. 그런데 실제로 이런 동물들을 만날 확률은 매우 낮아서, 이 동물들이 사람을 죽이는 일은 드물어요.

놀랍게도 주변에서 자주 볼 수 있고, 인간의 친구라고 불리는 개가 의외로 사람을 많이 죽인답니다. 사람을 많이 죽인 동물 4위를 차지했거든요. 개에게 물리면 파상풍이나 광견병에 걸려서 죽기도 하고, 피를 너무 많이 흘려서 죽기도 해요.

그럼 동물 중에 사람을 가장 많이 죽이는 최고의 살인마는 누구일까요? 바로 모기랍니다. 의외이지요? 이 작은 흡혈귀는 어떻게 사람을 죽일까요?

모기는 사람의 피를 빨아먹으며 번식합니다. 사람은 다른 동물들에 비해 수도 많고, 몸에 털도 없어서 모기가 피를 빨기에 아주 수월해요. 그래서 사람 주변에는 모기가 아주 많이 살고 있죠.

　모기는 따뜻한 기후에서 물속에 알을 낳기 때문에 더러운 물웅덩이가 생기는 여름이 모기들의 천국이랍니다. 우리나라에는 겨울이 있으니 그나마 겨울에는 모기를 볼 수 없지만, 열대 지역과 아열대 지역에 사는 모기는 쉬지 않고 번식해요.

　문제는 온난한 기후에서는 사람의 목숨을 위협하는 바이러스가 유행한다는 점이에요. 바이러스를 가지고 날아다니던 모기는 사람의 피를 빨아먹을 때, 웨스트 나일 바이러스, 뎅기 바이러스, 지카 바이러스, 말라리아 병원충 등 한번 걸리면 목숨이 위태로워지는 유해 물질을 인간의 허락도 없이 전파하거든요. 무려 백만 명이나 되는 사람들이 매년 이런 유해 물질에 감염돼 사망한다고 하니 정말 무시무시합니다.

모기 살충제, 우리 몸에 해롭지는 않을까?

모기가 사람의 피를 빨다가 피가 굳으면 난처하겠죠? 그래서 모기의 침에는 피가 굳지 않게 하는 단백질이 들어 있답니다. 모기의 침이 인간의 피부를 뚫고 들어오면 간지러운데요. 이 모기가 집어넣은 단백질을 우리 몸은 외부에서 들어온 독으로 인식하고 알레르기 반응을 일으키기 때문이지요. 그러면 '이놈의 모기, 잡히면 가만 안 둬!' 하면서 온 방 안에 숨이 막힐 정도로 모기 살충제를 뿌리게 돼요.

살충국이라는 국화에는 모기와 같은 곤충을 잘 죽이는 피레트린이라는 화합물이 있어요. 여러분이 집에서 사용하는 모기 살충제는 그런 화합물을 함유하고 있고요. 이 화합물은 사람에게는 거의 영향을 끼치지 않고, 모기 같은 곤충만 잘 죽이니 걱정하지 말고 사용해도 된답니다.

'왜앵~' 소리를 내면서 더운 여름밤 잠 못 들게 만드는 모기! 우리나라도 점차 기후가 아열대화가 되고 있어서 말라리아에 걸리는 빈도가 점점 높아진다고 하니 보이는 족족 박멸해야겠죠?

파란고리 문어

안녕, 나는 이 구역의 미친 문어야

죽을 각오로 덤벼라!

동물원 속 과학
생물의 한살이, 생물과 환경

- **분포** 아열대 지방
- **분류** 문어과
- **크기** 몸길이 12~20cm
- **식성** 게, 조개, 새우 등 잡식성

능력치
돌 쌓기
★★★★★
위장하기
★★★★★

예쁘지만 치명적인 파란 고리 무늬의 비밀

손바닥만 한 작고 귀여운 문어가 해변에서 놀고 있네요. 아이가 손을 뻗어 만지려고 하니 문어가 온몸에 파란 고리 형태의 무늬를 보여 줍니다. 너무 예뻐서 손을 뻗어 문어를 만졌어요. 그런데 스르르 눈이 감기면서 쓰러지고 말았습니다.

파란고리문어는 따뜻한 물에 살기 때문에, 그동안 물이 차가웠던 우리나라에서는 볼 수 없었답니다. 하지만 기후가 점점 따뜻해지면서 우리나라의 제주도에서도 볼 수 있게 되었어요.

파란고리문어는 작고 연약하지요. 그래서 대부분 바위틈에 몸을 숨기고 지냅니다. 때로는 몸을 숨기고 있는 굴 앞에 돌무더기를 쌓아두고, 천적들이 찾지 못하게 하지요.

파란고리문어도 문어답게 위장을 잘합니다. 주변 환경에 색을 맞추고 있으면 문어가 있는지 없는지 분간하기 힘들어요. 그러다 적의 위협을 받으면 몸에 강렬한 색의 파란고리를 보여 주면서 경고를 하지요. 문어의 파란 고리는

'내가 이 구역의 미친 문어야. 날 건드리지 않는 것이 좋아!'라고 말하는 것과 같습니다. 하지만 바다 생물의 언어에 무지한 사람들에게는 파란 고리가 마냥 예쁜 무늬일 뿐이어서, 손을 뻗기 쉬워요.

파란고리문어에게 물린다 해도 워낙 부위가 작고 아프지도 않아서, 물렸는지 바로 느끼기 어렵습니다. 곧 호흡 곤란이 와서야 비로소 파란고리문어의 독에 노출된 것을 알게 되지요.

만약 이때 주변에 도와줄 사람이 없다면 사망에 이를 확률이 매우 높아요. 파란고리문어에게는 사람 26명을 1분 안에 죽일 만큼 강력한 독이 있기 때문이지요. 이 독에 노출이 되면 호흡 정지, 심정지, 전신 마비, 실명 등 다양한 증상이 나타나고, 복어의 독과 마찬가지로 해독제도 없어서 절대 물리면 안 된답니다.

파란고리문어는 다양한 물고기와 갑각류를 먹고 사는데, 먹이를 사냥할 때 독을 적극적으로 사용해요. 예를 들어, 눈앞에 게가 있다면 다리를 이용해 게를 붙잡고는 앵무새 부리 모양의 날카로운 입으로 딱딱한 껍데기를 깨서 게가 의식을 잃을 만큼만 독을 아주 조금 주입하지요. 이때 문어는 정신을 잃은 먹이를 맛있게 냠냠 해치웁니다.

이 작은 문어의 생은 기껏해야 2~3년 정도로 매우 짧습니다. 암컷은 평생 단 한 번 50개 정도의 알을 낳는데요. 파란고리문어의 암컷들이 수컷을 고를 때 기준이 하나 있다는군요. 바로 덩치가 큰 수컷을 선호한다고 합니다.

  손바닥만 한 문어인데 덩치가 커봐야 얼마나 클지 모르겠지만, 그 작은 문어들 사이에서 키재기를 하나 보지요. 암컷은 마음에 드는 수컷과 짝짓기를 하고 알을 낳은 후, 알이 깨기까지 6개월 동안 아무것도 먹지 않고 알을 품습니다. 그리고 알에서 작고 귀여운 아기 문어가 태어나면 어미 문어는 죽고 맙니다. 작은 문어들은 빨리 자랍니다. 1년 후면 어른이 되어 짝짓기를 할 수 있으니까요.

  암컷 파란고리문어는 짧은 일생 동안 알과 자신을 지킬 독을 모으고, 덩치 큰 수컷을 골라 짝짓기를 하고, 알을 낳고는 아무것도 먹지 않으며, 알이 깨어날 때까지 버티다가 아기들이 태어나는 것을 보고 눈을 감습니다. 슬프고도 고귀한 일생이네요.

코모도 드래곤

침을 많이 흘리는 건 사실이에요, 하지만…

침이다, 피해!

능력치
침 흘리기
★★★★★

먹이 위치 파악하기
★★★★★

분포   인도네시아 코모도섬

분류   파충류

크기   몸길이 약 3m
         무게 최대 165kg

식성   육식성

동물원 속 과학
동물의 생활

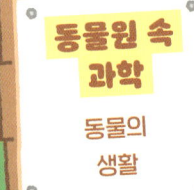

멀리 떨어진 시체의 냄새도 맡을 수 있다고?

TV 다큐멘터리에 나오는 거대한 도마뱀 코모도드래곤은 덩치도 크고 달리기도 빠르며 무시무시한 이빨도 가지고 있습니다. 뱀의 혀처럼 갈라진 혀를 날름거리며 공기 중의 냄새를 추적해 먹잇감의 위치를 파악하지요. 코모도드래곤은 거의 10킬로미터 멀리 떨어진 시체의 냄새까지 맡을 수 있다고 해요. 먹이로는 주로 동물의 사체를 먹지만, 숲에 숨어 있다가 갑자기 사냥감을 덮치기도 합니다.

다시 TV에 나오는 코모도드래곤을 살펴볼까요. 입에서 늘 침이 줄줄 흐르고 있네요. 마침 성우의 내레이션이 들려옵니다.

"코모도드래곤은 입안에 치명적인 박테리아를 기르고 있습니다. 그래서 코모도드래곤의 공격을 받은 먹잇감의 상처 부위는 이 치명적인 박테리아로 인해 곧 부패하게 됩니다. 허약해진 먹잇감은 결국 죽고, 코모도드래곤은 그 부패하는 살코기의 냄새를 따라와서 천천히 식사를 즐기지요."

왠지 더러워 보이는 침에 치명적인 박테리아가 우글거리

기 때문에 코모도드래곤조차 입안에 머금기 싫어서 늘 흘린다고 생각하기 딱 좋군요.

먹이를 마비시키는 건 침이 아니라 독?

그런데 코모도드래곤이 입안의 박테리아를 이용해서 먹잇감을 사냥한다는 이야기는 사실 오해라고 해요!

호주의 과학자 브라이언 프라이에 따르면, 코모도드래곤 입속에 사는 박테리아는 다른 육식동물의 그것과 비교할 때 특별하지도, 치명적이지도 않다네요.

그 대신 먹잇감이 죽는 가장 중요한 이유는 코모도드래곤이 먹잇감에 주입하는 독 때문이라고 해요. 뱀이나 전갈, 거미 등이 먹잇감에 신경을 마비하는 독액을 주입하는 것과 같은 전략을 쓴다는 것이지요.

또 코모도드래곤의 무시무시한 이빨도 먹잇감을 빨리 죽이는 데 한몫한다고 합니다. 코모도드래곤의 이빨은 끝이 모두 목구멍 쪽을 향하는데, 이 이빨에 먹잇감이 걸리면 계속 입안으로 끌려 들어가거나, 낚싯바늘의 미늘에 물고기의 입이 찢어지듯 근육이 너덜너덜하게 잘려나갈 거예요. 게다가 코모도드래곤의 침에는 피가 굳지 않게 하는 항응고 성분도 있어서 물린 먹잇감의 상처는 아물 수도 없어요. 사냥감이 최선을 다해 도망가다가도 결국 어느 순간 쓰러지게 되고, 놀라운 후각 능력을 발휘하는 사냥꾼인 코모도드래곤에 의해 발각되는 것이지요. 사슴같이 커다란 먹잇감이 죽기도 전에 산채로 살을 뜯어 먹는 코모도드래곤을 보면 정말 잔인하고 냉혹한 킬러라는 생각을 멈출 수 없군요!

여하튼 그동안 코모도드래곤을 오해해서 미안하군요. 입 속에 치명적인 박테리아가 우글우글하는 줄 알았지 뭐예요? 그런데 오해할 만했잖아요. 늘 침을 그렇게 줄줄 흘려대니 더럽게 보일 수밖에요.

올빼미

소리 없이 먹이를 낚아채요

왜 등골이 서늘하지…?

능력치
조용히
비행하기
★★★★★

동물원 속 과학
동물의 생활,
생물과 환경

- 분포: 주로 유럽, 아시아 온대 지방
- 분류: 조류
- 크기: 몸길이 약 40cm
  무게 400~800g
- 식성: 들쥐, 작은 새, 곤충 등 육식성

소리 없이 먹이를 낚아채는 능력은 어디서 나올까?

어두운 밤, 배고픈 땃쥐 한 마리가 굴 밖에 나와 먹잇감이 없는지 주위를 살피고 있어요. 운 좋게 작은 벌레를 한 마리 붙잡아서 맛있게 냠냠 먹고 있네요. 앗, 그런데 이게 웬일인가요! 갑자기 하늘에서 올빼미 한 마리가 소리도 없이 나타나서 날카로운 발톱으로 땃쥐를 움켜쥐고 날아가 버립니다.

땃쥐는 올빼미 발톱에 잡혀가면서도 어리둥절해요. 올빼미가 날아오는 소리를 전혀 듣지 못했거든요. 나뭇가지 위에서 땃쥐를 꿀꺽 삼킨 올빼미는 능청스레 딴청을 피웁니다. 시간이 지나 털 뭉치를 한 덩어리 게워낸 올빼미는 또다시 먹을 게 없나 커다란 눈으로 주위를 둘러보기 시작하네요.

올빼미는 참 흉악한 녀석이에요. 조용히 먹잇감의 뒤로 접근해서는 날카로운 발톱으로 순식간에 죽여버리거든요. 올빼미의 가장 큰 능력은 소리 없이 비행하는 것입니다.

비둘기와 같은 새들이 하늘로 날아오르면 푸드덕하고 소

리가 나지요. 그리고 가까이 날아올 때도 공기와의 마찰 때문에 날개에서 소리가 나고요. 하지만 올빼미는 날아오를 때도, 먹잇감 뒤로 접근할 때도 소리가 거의 나지 않아요. 올빼미의 깃털에 그 비밀이 숨겨져 있답니다.

올빼미의 털은 다른 새의 털과 무엇이 다를까?

깃털의 가장자리가 매끄러운 대부분의 새와 달리, 올빼미의 깃털은 가장자리가 마치 톱날처럼 생겼습니다. 올빼미 깃털 가장자리의 톱니 모양은 날 때 공기를 부드럽게 통과시켜 소음 수준을 크게 줄여준다고 해요.

  그리고 날개깃의 윗부분은 마치 벨벳과 같이 부드럽고 가느다란 털로 덮여 있고, 몸 앞쪽에도 보풀보풀한 솜털이 덮여 있는데요. 벨벳 천처럼 부드러운 솜털은 소리를 흡수하고 기척을 죽이는 데 아주 유용합니다. 유튜버들도 마이크의 잡음을 없애기 위해 덮개를 사용하기도 하는데요. 마치 올빼미 솜털처럼 복슬복슬하지요. 다 같은 원리랍니다.

우리의 몸에 있는 털, 머리카락, 손발톱과 새의 발톱, 깃털, 그리고 동물의 털과 발굽은 모두가 케라틴이라는 단백질로 이루어져 있어요. 케라틴이라는 하나의 재료가 진화를 통해 얼마나 다양한 모양과 기능을 만들어낼 수 있는지를 확인할 수 있지요.

야식을 즐기기 위해 깃털의 모양까지 바꾼 올빼미, 남다른 깃털로 최상위 포식자가 되었다니 참 대단합니다!

판 다

하루에 40번 똥 싸느라 바쁘다, 바빠

능력치

대나무 소화하기
☆

먹으면서 똥 싸기
★★★★★

- 분포 중국
- 분류 포유류
- 크기 120~150cm
  무게 75~160kg
- 식성 죽순, 대나무 등 초식성

동물원 속 과학

동물의 생활

화장실에 자주 가기 너무 귀찮아~

잡식성인 다른 곰들에 반해 판다는 거의 채식에 의존하는 곰이에요. 판다의 동그란 얼굴을 보고 있으면 절로 웃음이 나오지만, 둥근 얼굴 속에 숨겨진 것은 바로 엄청난 근육! 그도 그럴 것이 판다는 계속 대나무만 먹는데요. 대나무가 보통 질기고 단단한가요? 단단한 대나무 줄기를 씹으려면 당연히 튼튼한 이빨과 근육을 가져야겠지요. 매일 대나무를 씹으며 얼굴의 근육을 단련하니, 근육은 더욱 커지고 얼굴은 더 동그래져요.

판다가 섭취하는 음식의 99퍼센트는 대나무라고 해요. 기회가 된다면 다른 동물의 고기도 먹겠지만, 느림보 판다에게 '날 잡아먹어 주세요' 하고 쉽게 잡혀줄 동물이 없겠죠? 그러니 아무 데도 도망가지 않는 대나무를 먹는 것이랍니다.

대나무 줄기와 잎에는 정말 적은 양의 단백질과 지방이 들어 있어요. 그러니 판다가 생존에 필요한 영양소를 얻으려면 대나무를 아주 많이 먹어야 해요. 그렇다면 판다는 필요한 단백질을 대체 어디에서 얻을까요? 바로 죽순에서 얻는답니다. 죽순에는 녹말도 있지만, 단백질도 무려 무게 대비 3퍼센트나 있대요.

아쉽게도 죽순은 1년 내내 많이 나지 않아요. 그래서 죽순이 나오는 4월부터 8월 사이에 판다는 하루에 9킬로그램에서 14킬로그램에 달하는 죽순을 먹으면서 살을 찌워 놓고, 나머지 계절에는 대나무 줄기와 이파리로 근근이 살아간다고 합니다.

판다는 육식동물의 소화기관을 가졌는데요, 육식동물의 내장은 초식동물의 내장 길이보다 짧아요. 먹잇감에서 얻은 단백질이나 지방은 소화가 빨리 되는 편이라서 굳이 장이 길 필요가 없거든요.

장이 짧아서 좋은 점도 있어요. 육식동물의 장이 너무 길면 먹잇감에서 얻은 단백질이나 지방 중 소화가 덜된 것들이 장에서 세균에 의해 분해되면서 건강에 해로운 물질을 만들 수도 있는데, 장이 짧으니 그럴 일이 없겠지요? 또 금방금방 변이 나올 테니 몸이 가벼워서 잘 달리고 사냥도 잘할 수 있답니다.

그런데 채식을 하는 판다는 장이 짧아 그다지 좋을 게 없어요. 으깬 대나무 속에 든 단백질과 지방은 빨리 흡수하기 어려운데, 안 그래도 장이 짧은 판다는 대나무의 영양소를 충분히 흡수하기 어렵거든요. 그러니 최대한 많이 먹어야 해요. 많이 먹으면 똥도 아주 많이 싸겠지요.

판다는 하루에 무려 40번에 걸쳐서 변을 본다고 해요. 30분에 한 번 변을 본다니 정말 어마어마한 똥쟁이네요. 또 배불리 먹고 한 번에 몰아서 변을 보는 것보다 자주 보는 것을 좋아하나 봐요. 이렇게 자주 변을 보다 보면 음식 섭취를 멈추고 매번 화장실에 가는 것도 귀찮겠지요? 판다의 얼굴을 보세요. '나 귀찮음'이라고 써 있지 않나요?

그래서 판다는 그냥 먹으면서 쌉니다. 심지어 자면서도 쌉니다. 똥이 있어도 개의치 않고 옆에 드러누워 잡니다. 우리에게는 더러워 보이는 행동이지만, 판다에게는 당연하고 자연스러운 모습이에요.

대나무만 먹다 보니 느릿느릿해졌다고?

대나무의 낮은 열량은 판다의 습관에도 아주 큰 영향을 주었어요. 그 큰 덩치에 대나무만 먹으니 무슨 힘이 나서 다른 판다들과 어울려 뛰놀겠어요? 힘이 없으니까 그냥 혼자 지내면서, 계속 대나무나 먹고 지내는 것이지요.

판다가 사람으로 태어난다면 내성적인 성격이어서, 밖에도 나가지 않고 혼자 만화를 읽거나 동영상을 보면서 시간을 보낼지 몰라요. 그리고 친구를 만나고 집에 오면 '아~ 기 빨려'라며 당장 쉬고 싶을 거예요. 동물원에서 사람들에게 반응해 주는 판다가 매우 드물고 귀한 이유이기도 해요.

판다는 다른 곰들과 다른 점이 몇 가지 있는데요. 다른 곰들과 달리 눈의 동공이 고양이처럼 세로로 긴 모양이랍니다.

또 추운 지역에 사는 다른 곰들과 달리 겨울잠을 자지 않아요. 아마 긴 겨울잠을 자는 데 필요한 에너지를 충분히 얻을 수가 없기 때문일 거예요. 알래스카에 사는 회색곰은 살찐 연어라도 배불리 먹는데, 판다는 죽순밖에 먹을 수 없으니 말이지요. 하긴 겨우 5개월 동안 먹고 나머지 7개월은 잠만 자라면 좀 억울할 수도 있겠네요.

고양이

내 똥을 맛보면 사랑에 빠질걸요

능력치

뱃속에 기생충 기르기
★★★★★

동물원 속 과학

동물의 생활, 생물과 환경

분포	전 세계
분류	포유류
크기	몸길이 30~60cm 무게 2~8.5kg
식성	쥐, 작은 조류, 개구리 등 육식성

고양이를 사랑하게 된 쥐가 있다고?

쥐는 고양이의 똥도 먹습니다. 육식동물인 고양이의 변에는 장이 짧아서 미처 소화되지 않은 음식물이 포함돼 있어요. 쥐가 먹기에는 영양분이 충분하니 배고픈 쥐는 찬밥 더운밥을 가리지 않는답니다.

그런데 고양이의 변에는 '톡소플라스마'라는 특이한 기생충이 사는데요. 이 기생충은 오로지 고양이의 소장에서만 번식할 수 있어요. 쥐가 고양이의 변을 건드리면, 이 기생충은 쥐의 뇌로 침투해서 편도체 회로를 망가트립니다. 편도체는 공포와 끌림을 맡는 뇌의 영역인데, 이 부분이 망가진 쥐는 고양이와 '사랑'에 빠지게 된답니다.

원래 쥐는 고양이 오줌 냄새만 맡아도 경기를 일으키면서 도망가요. 그런데 기생충에 감염된 쥐는 달라요. 이 쥐는 고양이 오줌 냄새를 맡으면 공포를 느끼지만, 동시에 사랑에 빠져버립니다. 수컷 쥐가 발정기의 암컷 쥐를 보았을 때와 같은 상태가 된다고 하는군요.

고양이 입장에서는 황당하면서 웃기기도 하겠지요. 먹잇

감이 될 녀석이 눈에 하트를 뿅뿅 달고 나타나는 셈이니까요. 이렇게 고양이는 자기를 사랑하게 된 쥐를 한입에 냠냠 해치운답니다.

고양이에게 먹힌 쥐의 몸속에 있던 기생충은 다시 고양이의 소장으로 들어가서 번식을 합니다. 좀 더 많은 고양이의 뱃속에서 살아가기 위해 기생충이 만든 전략에 쥐가 이용되는 것이지요. 이래저래 쥐의 수난 시대입니다.

고양이 똥을 먹는 사람이 의외로 많다고?

사람도 톡소플라스마 기생충에 감염될 수 있어요. 덜 익힌 육류를 먹거나 놀랍게도 고양이 똥을 먹어서 감염될 수 있다네요. '뭐라고? 고양이 똥을 먹는 사람이 있어?'라고 생각할지 모르지만 의외로 그런 일은 종종 일어나요.

고양이를 키울 때 항문에 묻어 있는 똥을 닦아주다가 혹은 고양이가 놀던 바닥에 손을 짚다가 나도 모르게 고양이 똥을 먹을 수 있습니다. 고양이 만질 때마다 늘 비누로 손을 씻는 것도 아니고, 고양이 안고 음식을 먹을 때도 있을 테니까요. 그러니 고양이와 같이 살면 무조건 고양이 똥을 먹게 됩니다. 어쩔 수 없는 일이지요.

다행히 건강한 사람은 이 기생충에 감염돼도 큰 문제가 없어요. 그런데 면역력이 저하된 사람은 위험할 수 있다고 하네요. 특히 임신한 상태라면 뱃속 아이나 임산부에게 어떤 영향을 끼칠지 모르니, 임산부가 고양이와 같이 살거나 직접 똥을 치우는 일은 절대 피해야겠지요? 물론 기생충 검사를 해서 고양이의 기생충을 박멸하고 기르면 상관없겠지만, 산책을 즐기는 고양이라면 조심해야 한다는 이야기입니다.

그런데 문득 궁금해집니다. 대체 이 기생충은 어떻게 고양이가 쥐를 잡아먹는다는 사실과 쥐가 고양이 똥을 먹는다는 사실을 알았을까요? 그리고 고양이는 어떻게 이 기생충을 자기 소장에 기르게 되었을까요? 어쩐지 고양이의 눈을 보고 있노라면 저 녀석은 알고 그랬을 것 같다는 생각이 드는군요. 참으로 교활한 전략가이니까요.

고래

전 세계 바다에 비료를 주고 있어요

비료는 똥으로 뿌려야 좋대!

능력치

바다 여행하기
★★★★

편식하기
☆

분포 전 세계

분류 포유류

크기 몸길이 (종류에 따라) 13~35m

식성 해파리류, 작은 새우, 작은 물고기 등 잡식성

동물원 속 과학

동물의 생활, 생물과 환경

고래 똥이 바다의 생명체를 길러낸다고?

지구상의 수많은 동식물은 기나긴 진화 과정을 겪으면서 살아가고 있어요. 역할의 크고 작은 차이는 있을지언정 쓸모없는 존재는 없지요. 바다 생태계도 마찬가지입니다. 육지로부터 미네랄을 포함한 영양분이 강을 타고 바다에 들어가면, 식물성 플랑크톤이 이를 이용하고 또 광합성을 하며 번성하지요. 이를 다시 동물성 플랑크톤이 잡아먹고, 작은 물고기들은 이 동물성 플랑크톤을 잡아먹습니다. 그리고 이 작은 물고기를 더 큰 물고기들이 잡아먹으며 살아가지요.

이들이 죽으면 그 잔해가 해저에 가라앉는데요. 이제는 바닥에 있는 갑각류와 같은 청소 생물들이 이 찌꺼기를 먹고 살아갑니다. 육지에서 시작된 미네랄의 여정은 해저 깊은 곳에 가라앉으며 끝나게 돼요.

그런데 바다 생물을 더 번성하게 하는 숨은 조력자가 있답니다. 바로 고래와 같은 해양포유류예요. 특히 거대한 고래는 깊은 바다까지 잠수할 수 있는데, 해양 깊은 곳에 사는 크릴, 오징어 같은 생물들을 잡아먹고 살지요. 배불리 먹이를 먹은 고래는 해수면까지 올라와서 편안하게 숨을 쉬며 시원하게 변을 봅니다.

　고래는 정말 엄청나게 큰 동물이에요. 먹는 양도 어마어마하고, 변의 양도 장난이 아니지요. 그런데 이 고래의 변에는 식물성 플랑크톤이 번성하기에 좋은 비료 성분이 들어 있답니다. 그러니 고래는 바다의 생명체들을 길러내는 위대한 농부인 셈이지요.

　고래들은 늘 아주 먼 거리를 이동하며 먹잇감을 찾아야 합니다. 워낙 덩치가 크다 보니 한 번에 먹는 양도 많지요. 한군데서만 먹이를 먹다 보면 결국 그 지역의 먹잇감이 사라지니 다시 다른 지역으로 이동해서 먹이를 찾아야 해요. 먼 여행길을 다니는 동안 깊이 잠수하고 먹이 활동도 하고 변을 보니, 고래가 지나가는 길에는 자연스레 비료가 뿌려져 식물성 플랑크톤에게 필요한 영양소가 늘 풍부하게 제공되는 것이지요.

지구의 온난화도 막아주는 고래의 여행

고래는 지구 온난화도 막아줘요. 고래가 뿌린 변으로 식물성 플랑크톤이 많이 생기면 온난화를 일으키는 이산화탄소도 줄여주니까요. 육지의 식물들이 광합성을 통해서 이산화탄소를 당으로 변환시키듯, 식물성 플랑크톤과 미역, 김과 같은 해조류도 이산화탄소를 잡아 모으거든요.

어떤가요? 고래가 바닷속의 크릴, 오징어나 잔뜩 먹어치우는 덩치만 큰 동물이 아니라는 걸 잘 알겠지요? 바다 생물들이 사는 생태계를 건강하게 유지하고, 지구의 온난화도 줄이는 고래를 생각한다면 지금 당장 고래잡이를 멈춰야 하지 않을까요?

캥거루

다리에 침을 바르면 더위가 가셔요

에어컨 대신 침이라도

능력치

더위
식히기
★★★★★

동물원 속 과학

동물의 생활,
생물과 환경

- **분포** 오스트레일리아, 뉴기니 및 그 주변 섬
- **분류** 포유류
- **크기** 몸길이 약 1.5m
  꼬리 길이 약 1m
  무게 35~90kg
- **식성** 초식성

캥거루는 왜 앞다리에 침을 바를까?

고양이는 세수를 할 때, 앞발에 침을 묻혀서 눈을 열심히 닦아냅니다. 제가 집에서 키우는 빠삐용 강아지도 고양이처럼 세수를 해요. 커다란 캥거루도 앞다리에 열심히 침을 바르는데요. 그런데 세수를 하지는 않는군요. 세수할 것도 아니면서 캥거루는 왜 앞다리에 침을 바를까요?

 오스트레일리아와 뉴기니에서 사고 있는 캥거루는 짧은 앞다리와 긴 뒷다리를 가졌답니다. 근육질의 가슴을 가졌고, 꼬리도 튼튼하며, 새끼를 넣어서 기를 수 있는 주머니도 배에 있지요. 참 희한하게 생긴 동물입니다.

 캥거루 종은 크기에 따라 세 가지로 나뉘는데, 가장 큰 녀석들을 캥거루, 아주 조그만 녀석들을 왈라비, 그리고 그 중간 크기의 녀석들을 왈라루라고 불러요. 오스트레일리아 대륙에 사람들이 이주해 살게 되면서부터 큰 캥거루는 나름 잘 살아남았지만, 작은 종류의 캥거루는 많이 희생되어 멸종됐거나 멸종 위기에 있답니다. 왈라비나 왈라루를 잘 볼 수 없는 이유이지요.

큰 캥거루는 키가 2미터, 체중도 90킬로그램이나 나가고요. 앞다리를 사람의 손처럼 사용할 수 있는데, 캥거루가 앞다리로 개의 목에 헤드록을 걸어서 죽이려는 영상도 있답니다.

오스트레일리아의 한낮은 기온이 높아 아주 뜨겁습니다. 이때 몸을 식혀야 하는 캥거루는 대낮이면 그늘에 숨습니다. 그래도 더위가 가시지 않으면 앞다리에 침을 발라요. 캥거루의 앞다리에는 혈관이 아주 많이 발달해 있는데, 침에 있는 수분이 증발하면서 열을 빼앗아가면 피의 온도가 내려가거든요. 그러면서 더위를 식히는 것이랍니다. 이제 왜 캥거루가 앞다리에 침을 바르는지 알겠죠?

사람을 공격하지는 않을까?

배에 주머니를 단 채 콩콩 뛰어다니면서 앞다리에 침을 발라대는 이상한 동물 캥거루. 위협적인 상황일 때 캥거루는 개를 공격하기도 하지만 사실 아주 수줍음이 많아 잘 숨는 친구랍니다. 그래서 캥거루가 사람을 공격하는 일은 아주 드물어요.

흥미롭게도 어릴 때부터 사람이 기른 캥거루는 사람과 교감을 나눌 수도 있다고 하네요. 2003년에 있었던 일인데요. 사람의 손에 길러진 룰루라는 캥거루는 주인이 나무에서 떨어진 나뭇가지에 맞아 다쳐서 못 움직일 때, 가족에게 사고가 일어난 지역을 알려줘서 생명을 구했다고 해요. 그리고 2004년에는 오스트레일리아의 용맹한 동물상을 받았다고 하는군요.

뒷다리로 콩콩 뛰어다니는 것이 보기에는 특이해도 마음 됨됨이가 훌륭하고 똑똑한 동물인 것만은 확실한 것 같네요.

토끼

귀엽다고 뽀뽀하면 후회할걸요

매일 챙겨 먹어요!

능력치

식물
소화력
☆

분포	아프리카, 아메리카, 아시아, 유럽
분류	포유류
크기	몸길이 (종류에 따라) 15~50cm, 무게 1.5~7kg
식성	초식성

동물원 속 과학

동물의 생활

토끼가 두 가지 똥을 싸는 이유는?

"악! 엄마~ 토끼가 똥 먹어."

 토끼를 처음 기르면 기겁하는 일이 생깁니다. 그러면 다음부터는 토끼가 똥을 싸자마자 치우기 시작할 거예요. 그런데 실은 토끼 똥을 무조건 치우면 안 됩니다. 토끼가 영양실조에 걸릴 수도 있거든요.

 소와 같이 반추위를 가진 초식동물들은 풀을 먹고 그것을 게워내어 다시 씹어서 삼켜요. 토끼도 초식동물이라 풀을 뜯어 먹고 사는데요. 섬유질이 많은 먹이는 잘 소화시키지 못해요. 장이 짧아서 풀에 있는 영양소를 제대로 섭취하기도 전에 먹이가 장으로 밀려가 변으로 배출돼 버리거든요.

 그래서 토끼의 변에는 아직 영양소가 많이 남아 있어요. 이 영양소를 소화도 못 하고 버린다면 토끼 입장에서는 무척 아깝겠지요. 그래서 아주 영리한 방법을 찾아냈어요. 소화가 잘되지 않은 채 장에 들어간 먹이를 장에서 발효를 시키고, 그것을 똥으로 누어 다시 먹는 것입니다.

토끼는 두 가지 똥을 싸요. 하나는 알갱이 모양의 새카만 똥이고, 다른 하나는 좀 더 크고 물렁물렁한 알갱이들이 서로 뭉쳐 있는 똥이에요. 두 번째 똥이 바로 토끼의 장에서 발효가 된 먹이로, 토끼는 이 똥을 다시 먹는 것이랍니다. 소가 먹이를 되새김질하는 것이나 토끼가 장에서 한번 발효시킨 먹이를 똥으로 배출해 다시 먹는 것이나 원리는 똑같아요. 앞으로 토끼가 귀엽다고 입에 뽀뽀할 사람은 없을 것 같네요.

토끼의 행동이 의미하는 것은?

토끼가 갑자기 고개를 갸우뚱하고 옆으로 털썩 쓰러지며 배를 보여 줄 때가 있어요. 어디 아픈 데도 없으면서 말이지요. 토끼들의 세상에서 이 행동은 '얼레리 꼴레리' 하고 약을 올리는 행동이라고 하네요. 아무것도 모르는 주인은 그저 귀엽다고 박수를 치겠지만 말이에요.

토끼는 물건이나 사람에게 턱을 대고 비비기도 해요. 토끼의 턱 밑에는 냄새샘이 있는데, 이것을 묻히면서 '이건 내 거야' 하고 소유권을 주장하는 행동이라고 하네요. 혹은 '흠~ 이건 좀 흥미로운데? 나중에 다시 조사해 보아야지' 하고 나름 메모하는 행동일 수도 있다는군요. 주인의 관심을 끌기 위해 뒷발로 땅을 쾅쾅 구를 때도 있다니 어린아이들이 발을 구르며 떼를 쓰는 것과 똑같네요.

수상한 과학자의 탐구일지

토끼는 쥐와 무엇이 다를까?

토끼를 '쥐'와 같은 설치류로 아는 사람들도 있는데, 아니라는군요. 토끼는 위턱에 네 개의 앞니를 가지고 있는데, 설치류는 두 개만 가지고 있거든요.

다섯 번째 코스

알록달록 동물원

오징어

빨간 피만 피인 것은 아니랍니다

피도 눈물도 없다고?

꼭 그렇지는 않아!

능력치
차가운 바다에서 생존하기
★★★★★

동물원 속 과학
생물과 환경

분포 전 세계
분류 두족류
크기 몸길이 2.5cm~15.2m
식성 갑각류, 물고기 등 육식성

오징어의 피는 왜 빨간색이 아닐까?

요리하기 위해 생선을 칼로 자르면 빨간 피가 흘러나옵니다. 하지만 오징어를 칼로 자르면 빨간 피가 보이지 않아요. 대신 투명하고 미끈미끈한 액체가 흘러나옵니다. 이 미끈거리는 액체가 오징어의 피일까요? 만약 그렇다면 피인데 왜 빨간색이 아닐까요?

우리의 피에 들어 있는 적혈구에는 헤모글로빈이라는 단백질이 들어 있어요. 그리고 헤모글로빈에는 '철'이라는 금속의 이온이 들어 있는데, 이 철 이온이 산소와 결합해서 우리 몸의 구석구석으로 산소를 운반한답니다. 이 철이 피를 빨갛게 만드는 주인공이에요. 그래서 사람이나 다른 포유류의 피는 붉은색을 띠지요.

오징어도 동물이니 사람처럼 산소를 호흡하면서 살아가야 해요. 그러니 당연히 피가 있어야겠죠? 그런데 오징어의 피에는 우리와는 달리 헤모글로빈이 아닌 헤모시아닌이라는 산소를 운반하는 단백질이 들어 있어요. 이 단백질도 산소와 결합하여 산소를 운반하는 역할을 하지만, 철 대신 '구리'의 이온을 사용해요. 구리 이온은 철처럼 빨간 색이 아닌 푸른빛을 내는데요. 그래서 오징어의 피는 빨간 색이 아니라 투명하거나 푸르스름한 빛을 띠는 거예요.

초록색, 보라색 피를 가진 생물도 있다고?

그러면 왜 오징어나 문어는 철 대신에 구리를 선택했을까요? 이유는 이들이 사는 차갑고 깊은 바다 환경과 관련이 있답니다. 온도가 낮으면 금속과 산소의 결합력이 달라지기 때문이에요.

철은 차가운 환경에서 산소와 너무 강하게 결합해서 세포에 산소를 전달하기가 어려워져요. 철에서 산소가 떨어져 나와서 세포에 전달돼야 세포가 살아갈 수 있는데 그게 안 되는 거죠. 그러면 산소를 얻지 못한 세포는 숨을 쉴 수 없어 죽게 되겠죠. 반면 구리는 낮은 온도에서도 산소를 쉽게 붙였다 떼었다 할 수 있어요. 오징어나 문어가 철 대신 구리를 사용하는 것은 그들이 사는 차가운 환경에 적합

한 선택이었던 거예요.

그런데 세상에는 빨갛지도, 푸르지도 않은 색의 피를 가진 생물도 있답니다. 클로로크루오린 단백질로 산소와 결합하는 생물은 초록색 피를, 헤메리트린이란 단백질로 산소와 결합하는 생물은 보라색 피를 가져요. 이런 생물들도 각각 자신이 사는 독특한 환경에 맞게 진화해온 것이랍니다.

피는 다 빨갛다고 생각했는데 신기하지요? 오징어와 문어의 푸른 피, 그리고 초록색과 보라색 피를 가진 생물들까지…. 살아가는 환경에 따라 다양한 색의 피가 존재하니까요. 자연이 만들어낸 색채는 정말 놀랍지 않나요?

연지벌레

천적을 피해 맛없게 보이고 싶었을 뿐…

딸기 색이지만 딸기 맛은 나지 않아요

능력치

선인장 먹기
★★★★★

붉은 염료 만들기
★★★★★

동물원 속 과학

생물의 한살이, 생물과 환경

- **분포**　라틴아메리카
- **분류**　곤충류
- **크기**　몸길이 3~5mm
- **식성**　초식성

벌레로 빨간 립스틱을 만든다고?

엄마가 화장할 때 입술에 바르는 붉은 립스틱의 원료가 어디서 왔는지 생각해 본 적 있나요? 립스틱의 붉은색은 바로 '카민'이라는 붉은 색소로 만드는 것이랍니다. 그런데 카민이라는 색소를 실험실에서 만드는 것은 쉽지 않아요. 엄청나게 복잡한 과정을 거쳐야 하고, 많은 시간이 소요되거든요. 그렇다면 카민을 쉽게 얻을 수 있는 방법은 없을까요?

 카민은 중남미에 사는 연지벌레라는 곤충의 암컷에서 얻을 수 있답니다. 이 곤충은 선인장에서 주로 생활하면서, 선인장을 먹고 자라요. 그러다 다 자란 암컷 연지벌레는 먹기를 멈추고 오로지 번식에 집중합니다. 이 다 자란 암컷 연지벌레를 으깨면 빨간 염료가 쏟아져 나와요. 이 염료가 바로 카민이랍니다. 중남미 원주민들은 이 염료로 옷과 담요를 물들이고, 얼굴에 붉은색을 칠하는 데에도 사용했어요.

왜 이리 많은 염료를 몸에 가지고 있을까?

대체 연지벌레는 왜 이렇게 많은 염료를 몸에 가지고 있을까요? 립스틱의 재료가 되기 위해 태어난 것은 아닐 텐데 말이에요.

사실 연지벌레는 자신을 지키기 위해 염료를 만든 거예요. 연지벌레는 천적이 정말 많거든요. 무당벌레, 개미, 말벌, 쥐… 수많은 포식자가 연지벌레를 먹으려고 하죠. 날카로운 이빨도, 발톱도 없는 연지벌레는 천적들에게 '나 맛없으니까 먹지 마'라는 신호를 주기 위해 몸에 쓴맛이 나는 카민을 저장해요. 천적들이 몇 번 먹어본 뒤, 더 이상 자신을 건드리지 않도록요.

놀랍게도 연지벌레 한 마리를 말리면 몸무게의 20퍼센트에 육박하는 카민을 얻을 수 있다고 해요. 이 카민은 아이스크림 등 여러 음식에도 사용되는데요. 많이 사용하면 음식의 맛에 영향을 주지만 아주 적은 양이라면 문제가 없어서 자주 사용되고 있답니다. 갑자기 아이스크림을 먹기가 싫어진 것은 아니죠?

결국 맛깔스러운 아이스크림의 색상과 붉은 립스틱은 연지벌레의 희생으로 가능했던 거군요. 천적을 피하기 위해 카민을 만들어낸 연지벌레, 그런데 결국 사람들에게 잡히고야 말았군요. 연지벌레 입장에서는 매우 억울한 일이겠어요.

홍학

날 때부터 빨간 것은 아니에요

빨개지려면
챙겨 먹어야 해

능력치

색소 배출하기
☆

구애의 춤 추기
★★★★★

동물원 속 과학

동물의 생활,
생물과 환경

분포	아프리카, 인도, 유럽 등
분류	조류
크기	키 90~150cm 날개 길이 37~44cm 꼬리 길이 약 15cm
식성	남조류, 갑각류 등 잡식성

 홍학의 깃털은 왜 빨갈까?

'무엇을 먹느냐에 따라 그 사람의 모든 것이 결정된다'라는 말이 있어요. 단순히 먹는 것이 사람의 건강 상태나 생김새만을 결정한다는 의미는 아니에요. 무엇을 먹느냐는 그 사람이 사는 나라, 문화, 위치 등을 나타낸다는 뜻이기도 하거든요. 그러나 홍학은 정말 먹는 것이 건강 상태와 외모 그리고 짝을 만날 수 있을지까지 결정해버려요.

예쁜 빛깔을 자랑하는 홍학은 날 때부터 빨간 것이 아니에요. 새끼 때는 회색빛 깃털을 가지고 있다가, 이후 2~5년에 걸쳐 점차 붉은빛이 감도는 깃털을 가지게 되지요.

홍학은 수상식물인 조류나 새우 같은 작은 갑각류 등을 부리로 걸러 먹어요. 붉은 조류와 갑각류에는 '베타카로티노이드'라는 색소가 들어 있는데요. 이 색소는 물에 잘 녹지 않고, 기름에 잘 녹는 물질이라서 몸에 들어오면 소변으로 배출되지 않고 세포 속에 쌓인답니다. 홍학의 깃털의 표면에는 큐티클이라는 죽은 세포층이 있는데, 이 세포에 색소가 쌓여서 깃털이 붉어지는 거예요.

당근을 많이 먹으면 손이 노랗게 변하는 이유는?

베타카로티노이드라는 색소는 우리가 흔히 접하는 음식에도 들어 있어요. 그렇습니다. 바로 홍당무, 토마토, 고추에 이 색소가 들어 있어요. 당근을 너무 많이 먹으면 얼굴과 손이 노랗게 변하지요? 이 원리가 홍학의 깃털이 붉어지는 것과 같답니다.

흥미롭게도 홍학의 붉은색은 번식에 아주 중요한 역할을 한다고 해요. 더 화려하고 붉은 깃털을 가진 홍학일수록 짝짓기에 성공하는 데 유리하거든요. 더 많은 갑각류와 붉은 조류를 먹을 능력이 있다는 것은 다른 홍학들보다 훨씬 건강하고 힘도 세다는 이야기이기도 할 테니까요. 그리고 이런 먹이를 많이 먹은 수컷 홍학일수록 깃털도 더 붉겠죠? 암컷 홍학 입장에서는 붉은 털을 지닌 수컷과 짝짓기를 해야 후손들의 생존 확률이 높아질 거라는 생각이 들 거예요. 붉은색으로 멋지게 치장한 뒤 화려한 구애의 춤을 추는 저 덩치 큰 홍학, 아마도 다음 대에 자신과 비슷한 자손들을 보게 되겠군요.

매 미

날개가 투명한 데는 비밀이 있다고요

숨바꼭질 1등은 바로 나!

동물원 속 과학
생물과 환경

능력치
나무로 위장하기
★★★★★
빗물 흡수하기
☆

분포	전 세계
분류	곤충류
크기	몸길이 12~80mm
식성	나무 수액을 먹는 초식성

매미의 날개가 투명한 이유는?

 "맴맴맴맴~." 한여름의 불청객 매미. 안 그래도 더워서 잠이 안 오는데 매미까지 시끄럽게 울어대니 도통 쉽게 잠들 수 없는 여름밤입니다. 그래도 밝은 도시의 불빛 때문에 밤인 줄도 모르고 짝을 찾겠다고 울어대는 매미를 마냥 미워할 수만은 없겠지요.

 매미를 잡겠다고 나무를 자세히 들여다봐도 도무지 이 녀석들이 어디에 있는지 쉽게 찾을 수가 없어요. 매미의 날개는 투명하고, 몸은 나무의 색과 비슷하거든요. 시끄러운 소리가 나는 곳을 한참 자세히 보아야 매미 녀석이 나무에 붙어 있는 것을 볼 수가 있지요.

 만약 햇빛을 받을 때 매미의 날개가 반짝반짝 빛난다면 어떤 일이 벌어졌을까요? 날아가는 것이 굼뜬 매미들은 새들의 눈에 잘 띄어서 쉽게 먹잇감이 되고 말았을 것이고, 매미는 모두 멸종해 버렸을지 몰라요. 어쩌면 지금 우리가 보고 있는 매미와는 아주 다른 매미의 모습으로, 예를 들어 몸이 날렵하여 빨리 날 수 있는 작은 모습으로 진화했

을지 몰라요. 결국 매미 날개가 빛을 받아도 반사하지 않았기에 지금의 모습으로 살 수 있는 거겠죠.

매미의 날개는 물에 젖지 않는다고?

매미의 날개를 전자 현미경으로 자세히 들여다보면, 날개의 표면에 오돌토돌한 작은 돌기들이 불규칙하게 자라나 있는 것을 볼 수 있습니다. 이 돌기에는 아주 흥미로운 특징이 있는데요. 빛이 이 돌기에 부딪히면 빛이 그 안에 갇혀버리고 반사가 되지 않아요. 빛은 들어가지만, 반사가 되지 않다 보니 매미의 날개는 마치 아무것도 없는 듯 투명하게 보이는 것이지요.

만약 곤충이 비를 맞았는데 날개에 빗방울이 착 붙어서 떨어지지 않으면 어떻게 될까요? 날개가 젖어서 쉽게 마르지 않고, 무거워진 날개로 날기 어려워서 생존에 큰 위협을 받지 않겠어요? 그래서 곤충의 날개는 물에 쉽게 젖으면 안 돼요.

매미의 날개도 그러한데요. 날개에 솟은 돌기들 사이에는 공기가 존재해요. 그래서 물방울이 날개에 떨어지더라도 돌기들 사이에 있는 공기가 스미는 것을 막아주기 때문에 물방울은 또르르 굴러떨어져요. 물에 젖으면 안 되는 많은 곤충의 껍질에는 기름층이 코팅되어 있어요. 하지만 작은 돌기들을 가지고 있는 매미는 날개에 기름 코팅을 할 필요가 없답니다.

투명해서 새의 눈도 피하고, 젖지 않아 물방울도 튕겨내는 매미의 날개는 나노기술을 이용해 일석이조의 효과를 거두었군요!

반딧불이

꽁무니에서 빛이 나지만 뜨겁지는 않아요

배터리가 없어도 빛이 나!

동물원 속 과학
생물의 한살이

분포 남극과 북극을 제외한 전 세계

분류 곤충류

크기 몸길이 12~18mm

식성 (성충의 경우) 달팽이, 고동류 등 잡식성

능력치
꽁무니에 열 내기
☆

꽁무니에 빛내기
★★★★★

만약 반딧불이의 빛에서 열이 난다면?

여름밤에 캠핑을 하다 보면 반가운 손님들이 찾아올 때가 있습니다. 꽁무니에 노란 불을 하나씩 켜고 날아다니는 반딧불이들 말입니다. 조심스럽게 붙잡아서 손에 가두면 노란 불이 손가락 사이로 새어 나오지요.

그런데 이게 웬일일까요? 분명히 밝은 빛이 나는데 전혀 뜨겁지 않습니다. 집에 있는 백열등은 말할 것도 없고 형광등이나 LED 등도 오래 켜두면 뜨거워지는데 말이에요.

사실 반딧불이는 아주 뛰어난 화학자입니다. 반딧불이는 꽁무니에 루시페린이라는 화합물을 가지고 있는데, 반딧불은 이 화합물이 다른 분자로 변할 때 빛도 같이 나와요. 하지만 이때 열은 생기지 않아요. 그래서 차가운 빛이라는 뜻의 '냉광'이라고 불러요. 만약 빛만 나오지 않고 뜨거운 열도 같이 난다면 반딧불이의 꽁무니가 익어 버리겠지요? 그러므로 반딧불이는 열이 아닌 빛만 내야 하는 게 당연하답니다.

반딧불이도 여러 종류가 있어요. 수컷 반딧불이는 같은

종들끼리 알아볼 수 있는 불빛 신호를 보냅니다. 암컷 반딧불이는 이를 가만히 지켜보다가, 같은 종이 보내는 신호에 맞추어 다시 불빛 신호를 보내지요. 그러면 수컷은 암컷에게 날아와 짝짓기를 한답니다.

그러나 모든 만남이 아름다운 결말로 끝나는 것은 아니에요. 어떤 반딧불이는 다른 종의 암컷 반딧불이가 보내는 사랑의 신호를 오해하고 날아들었다가 암컷에게 잡아먹히기도 하니까요. 다른 종의 새끼들을 위한 영양소가 되고 마는 것이지요.

빛은 생물의 생존에 어떤 도움이 될까?

반딧불이 말고도 빛을 내는 생물은 많이 있어요. 플랑크톤의 일종인 야광충은 따뜻하고 얕은 바다에 서식하는데, 바닷물이 출렁이는 자극을 받으면 빛을 냅니다. 우리나라 해변에서도 따뜻한 봄과 여름에 드물게 관찰되기도 해요. 무척 아름답겠죠?

이렇게 빛을 내는 생물은 원생동물에서 척추동물에 이르기까지 다양하게 발견되고, 세균류, 버섯, 갯반디, 갯지네, 오징어, 해파리, 산호, 어류, 곤충 등 전혀 관련 없는 종들에서 무작위로 나타나기 때문에 생명체들이 각각 스스로 얻은 특징으로 추측됩니다.

한편 어떤 동물들은 스스로 빛을 내는 대신, 빛이 나는 다른 생물을 자신의 몸에 키우면서 이용하기도 해요. 카디널피시는 빛이 나는 패충류를 머금고 다니다가 위협을 받으면 이를 내뱉어 포식자의 시선을 돌린 뒤 재빠르게 도망간답니다. 또 깊은 바다에 사는 초롱아귀는 촉수 끝에 발광하는 박테리아를 담은 주머니를 흔들며 먹이를 유인하기도 하지요.

생명체가 만드는 차가운 빛은 때로 사랑을 나누기 위해, 때로는 살아남기 위해, 때로는 죽이기 위해서 사용되는군요. 수컷 반딧불이가 암컷을 찾을 때 사랑 노래만 부르면 좋겠네요. 다른 종의 먹잇감으로 생이 끝난다는 것은 너무 슬픈 이야기이니까요.

수상한 과학자의 탐구일지

범죄 사건에서 활용되기도 하는 발광 원리

생물의 발광 원리는 범죄 수사에 활용되기도 해요. '루미놀'이라는 화합물은 핏자국에 있는 철에 의해 과산화수소가 분해돼 생기는 산소 라디칼과 만나면 분해되면서 푸른빛을 띱니다. 그래서 범인이 범죄 현장에서 생긴 핏자국을 닦아버려도, 이 화합물을 이용하면 아주 적은 양의 흔적일지라도 찾아낼 수 있어요.

자, 이제 다음 동물원으로 떠나볼까요?

수상한 동물원에서 만난 과학

초판 1쇄 발행 2025년 8월 20일
초판 4쇄 발행 2025년 9월 18일

글쓴이 이광렬
그린이 유혜리
펴낸이 이경희

펴낸곳 빅피시
출판등록 2021년 4월 6일 제2021-000115호
주소 서울시 마포구 월드컵북로 402, KGIT 19층 1906호

ⓒ 이광렬, 2025
ISBN 979-11-94033-99-8 74400
        979-11-94033-98-1 (세트)

- 인쇄·제작 및 유통상의 파본 도서는 구입하신 서점에서 바꿔드립니다.
- 이 책의 전부 또는 일부 내용을 재사용하려면 반드시 사전에
  저작권자와 빅피시의 서면 동의를 받아야 합니다.
- 빅피시는 여러분의 소중한 원고를 기다립니다. bigfish@thebigfish.kr